私の病跡学

作家の執筆脳を比較と共生で考える

花村 嘉英

研究生活40周年記念

はじめに

　作家の執筆脳を研究するシナジーのメタファーに関する著作も今回で8作目になった。今回のテーマは、小説の中の病気の跡を辿る病跡学であり、構成は、日本文学や外国文学並びにそれらを比較した論文からなる。何れもデータベースを作成しながら小説を分析している。

　元々人文が専門であり、病跡学に辿り着くまで紆余曲折があった。言語や文学の研究を中心に1990年代前半ドイツのチュービンゲン大学で博士論文を作成し、その後、コンピュータの勉強も兼ねて機械翻訳に取り組んだ。人文と理工という組み合わせで文献処理の実績を作ること10年余り、その間に学会や研究会で研究発表を重ね「計算文学入門 – Thomas Mann のイロニーはファジィ推論といえるのか？」という研究本を2005年に出版した。

　2009年から中国に渡り日本語教育の仕事をしながら日本語や中国語を中心に比較言語学や比較文学で論文を書いていく。そして文理共生のもう一つの組み合わせである人文と医学の融合に着手する。魯迅（1881 – 1936）である。魯迅は、1904年9月に仙台医学専門学校に入学し医学を学ぶ。日本留学時（1902 – 1909）の様子は、魯迅にとって大切な人生の頁として短編小説「藤野先生」に書かれている。

　魯迅の「狂人日記」は、狂気に陥っている狂人が主人公である。狂人は、感情と思考がうまく調和しない統合失調症に罹り、情報を処理する際、ストレスを感じて負荷がかかっている。「狂人日記」で病跡学を分析するために、50歳を過ぎてからストレスについて詳しい日本成人病予防協会（JAPA）の健康管理士の資格に取り組んだ。

　ストレスは、私たちを不快にする刺激ストレッサーが原因で生じ、まず現れるのが情動変化、続いて身体変化そして行動変化がくる。うまく対処できないと、ストレスが慢性化し、自律神経、内分泌、免疫という三つの働きを安定させる生体恒常性（ホメオスタシス）が崩れ、ストレス関連の疾患が発症する。

病跡学は、医学部の精神科医や臨床心理士が取り組む研究である。しかし、読んで思うの購読脳が基本となるため、シナジーのメタファーが目指す作家の執筆脳は、なかなか出てこない。

　健康管理士は、日本成人病予防協会が主催する健康科学に関する資格で一般指導員、上級指導員そして統括指導員からなる。2023年10月にお陰様で統括指導員の仲間入りをした。準備から数えると足掛け10年である。

　人体の神経もさること作家の執筆脳を考える私の研究の特徴に信号の分析がある。モンタギュー文法のロジックを使用しながらデータベースを作成するLの分析（花村2005、花村2022）は、縦と横で信号が異なる。縦は言語の解析であり、横は複数の系からなる情報の共生である。またストレスは、外部からの刺激（信号）に対する脳の反応であり、ストレッサーを脳のどこで認知し脳がどのように対処しているのかを信号に見立てて考える。

　日本文学は、人間○○と作家○○という構成で森鴎外と川端康成から病跡学を考える。晩年の森鴎外は、腎臓病の症状が見られ、最後は萎縮腎と肺結核で亡くなった。陸軍が束縛であれば、文学は自由な領域になるため、双方を調節する際の矛盾とか最初の妻との不仲からストレスを感じ、鴎外も生活習慣病や糖尿病を患い委縮腎が発生したと考える。

　一方、作家鴎外について歴史小説から病気の跡を追跡したことがある。（花村2017、花村2024）創作は、鴎外にとり自由で楽しい時間であるため、執筆脳に関し感情を取り上げた。題材は、「安井夫人」の佐代、「渋江抽齊」の五百など彼の小説に描かれている女性たちである。

　川端康成は、若いころに結核を患い、眼底にも結核があった。視力が弱かったためか何かと凝視した。還暦が近づくにつれ胆嚢炎を患い、「古都」を執筆している頃から睡眠薬を飲むようになる。睡眠障害である。1962年睡眠薬の禁断症状が出て、その後も肝臓炎のため入退院を繰り返す。1972年、常用していたハイミナール中毒の症状があり、4月に仕事場の部屋でガス自殺を

した。

　川端の小説で病気の痕跡を追う際に、川端の小説全体に関してしばしばいわれる3つの特徴を考える。1つは死、2つは悲しい女、3つは夢表現から超時空までの展開である。（花村2024）これらの関係は、並列ではなく、死が主題で残りの二つは、死から派生してできている。

　三浦綾子の研究でみると、「道ありき」は、カリエスや結核を治療した故郷の旭川や札幌が舞台である。カリエスや結核の症状が出て虚無に陥った精神状態を気分障害の見地から病前性格も絡めて分析し、アメリカの精神科医ツング博士による自己評価のうつ病尺度を用いて客観的に考えた。

　魯迅以外の外国文学は、アパルトヘイトによる植民地支配が長く続いた南アフリカのナディン・ゴーディマ、オーストリアのシュテファン・ツヴァイクそしてアルジェリア生まれのフランスの作家アルベール・カミュ、並びにやはりオーストリア出身の作家ペーター・ハントケである。

　ナディン・ゴーディマは、*The Late Bourgeois World*「ブルジョア世界の終わりに」の主人公が過ごした一日を問題にし、特にパートナーのマックスの自殺に着目している。自殺するまで何かとストレス障害が発生している。例えば、意欲はあっても政治や法律により拘束され、社会への適応が阻害されることがある。

　1960年代の南アフリカは、厳しい弾圧の時代であり、いくら適用能力があってもそれを発揮できなかった。従って、気持ちの面では意欲が強くなり、それに伴う意志の働きも含めた前頭前野皮質の活動が論点になる。

　シュテファン・ツヴァイクの*Angst*「不安」は、1910年にウィーンで書かれ、主人公のイレーネ夫人にまつわるストレスの問題が鍵になる。第一次世界大戦前夜のヨーロッパでは日常の話しであった。イレーネの症状は、疲れやすく集中できず、緊張して眠れないという全般性の不安障害の診断項目に該当し、また、動悸・息切れがする、吐き気がする、不快感があるといったパニック障害の診断項目も確認できる。

一方、カミュの *L'Étranger*「異邦人」は、主人公のムルソーが几帳面で積極性を内に秘めており、生死にまつわる環境及びそれに適応する能力から生まれる結実因子をどこかで調節している。それは、不条理に抗する力があるためである。神経症は、長い準備期間の後、症状発現のきっかけになる結実因子があり発症する。イレーネ夫人同様、不安障害の症状がでているが、症状発現のきっかけに違いがみられる。

　ペーター・ハントケの *Wunschloses Unglück*「幸せではないが、もういい」も実母のうつ病を追っている。彼女は、異性関係や家族の問題が気分障害の病前性格に絡み、これが将来のうつ病の引き金になった。40歳を前にして三度目の堕胎をする。しかし、再度妊婦となり貧しいけれども子供を出産する。妊娠や堕胎そして出産は、もちろん気分障害が発症する原因である。楽しい一方で精神的にダメージを受け、次第に抑うつの症状が現れる。マリアの場合、気分障害でも躁うつ双方の症状がみられた。

　比較に関しては、医療社会学と老年社会学でまとめを作っている。医療社会学は、医療組織やそれに絡む人間社会の諸問題に社会学的分析方法を適用し、問題解決を目指す学問である。病跡学の分析を試みた小説のデータを使用し、メゾのデータをまとめる際にパーソンズの理論が適用可能かどうか考える。パーソンズの理論は、幅が広く信号に見立てれば、様々な角度から文学分析に適用できると思われる。しかし、人文の専門家が病跡学の実績をあまり作らないため、パーソンズの理論を使用した病跡学の研究は見当たらない。

　例えば、行為のシステムは、社会、文化、パーソナリティ、行動の各システムからなり、文学は、目標達成機能を扱うパーソナリティに入れる。作家（エキスパート）の執筆脳は、他者（読者）でも理解できる行為者の意図や意味づけを含んだ社会的行為であり、社会学の考察対象といえる。また、比較になるように分析する作家の数が増えれば、情報量が増え集団の脳として社会システムの分析対象になりうる。そして集団で社会的行為について本質から解き明かすことができれば、それは社会学

の目的にかなう。

　老年社会学は、老人問題を研究対象とする社会学であり、介護、福祉、相続、経済などの分野で研究がなされている。この領域は、個人から法人そして社会へと広がる一大問題であり、弱い立場にある人を支援したり、一般の人たちの幸福を目指すといった福祉の意味も含めれば、それは大きな研究領域である。高齢化、ケアと看取り、貧窮といった終活のテーマを扱った小説は数多くみられ、例えば、フランスの作家アナトール・フランスの *Affaire Crainquebille*「クランクビーユ」やフランソワ・モーリャックの *Génitrix*「母：ジェニトリックス」そして井上靖の「わが母の記」さらには幸田文の「父」などで比較ができる。

　作家の執筆脳を分析しながらデータベースを作成する文学の分析は、計算文学としてこれまでにも研究実績を作っている。（花村2005、花村2015、花村2017、花村2022、花村2023、花村2024）統計処理としてバラツキ、相関、多変量、心理統計といった実験レポートを作り、データをメゾのエリアに入れ数を増やしていけば、シナジーのメタファーもデータサイエンスに近づいていく。

　また、病跡学は、上述のように精神医学や臨床心理学の専門家が研究する分野のため医学や医療で平易な資格を取り、少しでもバイオや医療機器などの翻訳で実績が作れればと思い、数年間特許明細書で独和の抄訳に従事した。

　計算文学から病跡学のラインができれば、ミクロとマクロの間にあるメゾのエリアに溜まったデータを束ねて集団の脳の活動として社会学的な分析を試すことができる。社会学的な意義を提示するために、束ねるリボンとして、リスク、観察、医療、文化、時空や教育などの社会学を検討している。このような調整管理ができるようになれば、シナジーのメタファーを広義の意味で使用でき、システム開発の一例にすることができる。

　医学では、ミクロの細胞の発見が外部環境も込みで人体全体に通じるとシステムになる。私の場合も、シナジーのメタファーというキーワードが人文の地球規模と3つの他系からなる統合案

のなかで機能するように心がけている。これが学歴とは異なる零れる人がいない社会人の博士のレベルであり、これを目指して日々努力している。

　なお、シナジーのメタファーについては、2021年3月に日本国特許庁より商標権の登録許可がおりている。

2024年9月

花村嘉英

目　次

はじめに ……………………………………………………………………… 5

第1部　日本文学 ………………………………………………………… 13
第1章　森鴎外の病跡学 – 人間鴎外と作家鴎外 …………………… 13
第2章　川端康成の病跡学 – 人間川端と作家川端 ………………… 24
第3章　三浦綾子の「道ありき」からうつ病を考える ……………… 33

第2部　外国文学 ………………………………………………………… 43
第1章　魯迅の「狂人日記」と統合失調症 …………………………… 43
第2章　ナディン・ゴーディマの The Late Bourgeois World で
　　　　適応障害を考える ……………………………………………… 60
第3章　ツヴァイクの Angst とカミュの L'Étranger で
　　　　不安障害を比較する …………………………………………… 83

第3部　比較文学 ………………………………………………………… 96
第1章　医療社会学から文学をマクロに考える
　　　　– データ分析者としての作家の役割について ……………… 96
第2章　老年社会学の観点からマクロに文学を考える
　　　　– ライフサイクル、幸福感、行動心理学 …………………… 116

【補説1】文学と計算のモデル …………………………………………… 130
【補説2】シナジーのメタファーのプロセス …………………………… 132
【補説3】シュテファン・ツヴァイクの Angst から見えてくる
　　　　　バラツキについて ……………………………………………… 135
【補説4】人文科学からマクロのシステムを考える …………………… 142

図表一覧 …………………………………………………………………… 145

おわりに …………………………………………………………………… 147

著者紹介 …………………………………………………………………… 149

第1部　日本文学

第1章

森鴎外の病跡学－人間鴎外と作家鴎外

1　はじめに

　晩年の森鴎外（1862－1922）は、腎臓病の症状がみられ、最後は萎縮腎と肺結核で亡くなった。この小論では、病跡学の組み立てとして人間鴎外から作家鴎外への考察を試みる。

　鴎外は、陸軍軍医として医学に従事する傍ら、文学にも多いに貢献があり、文理共生を地で行く人であった。勤務していた陸軍は、規律に厳しい男の世界であり、一方に自身の気持ちを整理するための文学の世界があった。軍隊が束縛であれば、文学は自由の領域にある。そのため、挫折や葛藤から身を守る際に矛盾もあった。

　矛盾、葛藤、挫折といった精神面で病気にならないように軍医としての工夫があっても、ここではストレスが生活習慣病を起因すると考え、その一つといえる糖尿病から委縮腎が発生したとする森鴎外についてのストーリーを考える。

　森鴎外の病跡学に関する先行研究には梶谷（1982）がある。それによると、キリシタンが弾圧されたという心的外傷から故郷の津和野には帰郷せず、戦死した場合の相続も妻ではなく弟妹にしたという矛盾が鴎外にはある。また、医学と文学の調節に苦悩した葛藤の時期に文学を創作したり、中央から小倉の近衛師団への左遷が上司の策謀だったという挫折もあった。

　こうしたメンタルの問題を抱えつつ、鴎外が文学において顕著に仕事をした時期が二つある。一つは、「しがらみ草紙」や「めざまし草」の時代、また一つは、小倉から帰京し、母が没するまでの時期である。いずれも初めの妻との不和で健康まで損

なうほどいらだち、また家庭的に苦慮した時であり、ストレス
は相当強かった。

　鴎外の小説を題材にしてメンタルヘルスから病跡学を考えた
ことがある。（花村 2017）その際、ストレスが脳に及ぼす影響
について理解し、感情と行動の組で感情側の下位に情動と畏敬
を置き、情動が創発と誘発に枝分かれすることから、感情にお
ける情動から生れるストレスの問題を考えた。そこから生活
習慣病へのリンクを張り、脳内の神経伝達物質を考慮しつつ、
糖尿病の発症も予測できれば、鴎外の病跡学に関するストーリー
は成立する。

2　人間鴎外のストレスと脳の関わり

　片野（2021）によると、ストレスには、寒暖による環境要因
がもたらす物理的なもの、多忙な毎日とか人間関係のトラブル
といった社会的なもの、そして疲労、不眠、けが、病気といっ
た身体的なものがあり、そこからマイナスの感情が生まれる。
一方、幸せな喜びや楽しさに対してはプラスの感情が生まれる。

　感覚器官からの情報に対する生理的な反応は、情動と呼ばれ、
瞬間的に生じる恐怖、怒り、悲しみ、喜びといった本能的な
感情を指す。情動を担当する脳のエリアは、大脳辺縁系の扁桃体
であり、五感の情報をもとに記憶とリンクして快不快、好き嫌
いなどを瞬時に判断する。この判断は、脳や体が次にどのよう
に行動するのかにつながる原動力として役に立つ。つまり、
ストレスにどうのように向き合うのかについて判断する場合に、
情動は大切な反応といえる。

　現代社会は、何かと調和を求める傾向にあり、怒りや恐怖と
いった情動は、抑制し取り除くべきものになった。その役割は、
大脳皮質の前部にある前頭葉の前頭前野が担っている。前頭前野
は、考える、意欲を発揮する、判断する、評価する、集中す
る、記憶するといった働きがある。片野（2021）は、前頭前野
を三つの領域に分けている。扁桃体と深くつながり、情動の処理

に関わる眼窩部、認知の処理や行動を計画し実行する背外側部、行動発現のための動機づけや共感そして社会性の下で認知処理をする背内側部である。

　森鴎外の場合も然りである。1899年、小倉の第十二師団軍医部長に左遷となり、これを上司石黒忠悳（1845－1941）や同僚小池正直（1854－1914）の策謀と感じたため、辞職を決意した。しかし、親友賀古鶴所（1855－1931）の忠告により思いとどまった。また、1907年、軍医総監兼陸軍省医務局長に任ぜられたが、事務レベルでの様々な嫌がらせがあり、背後には上司である石黒忠悳の暗躍があった。

　さらに、陸軍次官石本新六（1854－1912）は、常に軍医の人事権を医務局長から取りあげようとし、石黒は、石本とともに鴎外の職務に干渉した。高等学校を卒業する長男に読ませようとして書いた「ヰタ・セクスアリス」の発禁問題には、石本次官が戒飾処分を付せたことで知られる。こうした状況では森鴎外であっても前頭前野が悲しみや怒り、不安を取り除くために活躍し、沈着冷静な判断、取るべき行動について意思決定を下した。

3　糖尿病の可能性

　糖尿病は、インスリン不足によりその作用が低下し血糖値が高くなる2型糖尿病を考える。膵臓のランゲンハンス島にあるβ細胞が破壊されインスリンが分泌されなくなる1型糖尿病に比べ、日本人の場合、圧倒的に2型が多い。発症に関する要因には、肥満、運動不足、アルコールの過剰摂取そしてストレスがある。（日本成人病予防協会監修2014）

　鴎外の生活習慣でみると、上述のように陸軍省の軍医と作家活動を兼務していたため、多忙でありストレスがあった。無論、家庭の中では二児の父親であり、散歩もすれば家族で芝居も見に行った。肌の色も白く、暫し陽に焼けた。また、明治から大正にかけての日本人の食生活は、米中心であり、慢性的にビタ

ミンが不足し、現代人に比べ免疫力は弱かった。高血糖が続けば糖尿病性腎症なども想定され、動脈硬化や血管障害にもつながっていく。事実、鴎外の場合、葉巻好きから動脈硬化は考えられる。

鴎外の医学の専門は、ドイツでの研究にもあるように細菌学や衛生学である。兵舎の改善や脚気調査そして腸チフスといった範囲に業績があり、食べ物は必ず加熱し殺菌してから食べた。茄子や胡瓜、筍の煮物、甘く煮た桃、杏、梅が食卓に並んだ。アルコールは飲まず、あんぱんや焼き芋が好物で大の甘党である。饅頭を茶漬けにのせることもあった。卵の柔らか煮も好んだ。生活面の衛生に神経を使い、風呂は、細菌の温床として避け、手拭いで体を拭くのが日課であった。また、便所に行くには多くの塵紙を使い、周囲の物に直接手を触れず、手を洗う必要がないぐらいであった。(森於菟1985)

鴎外は、中肉中背で肥満はなく、好き嫌いはほとんどなかったものの、肉より野菜を好んだ。小堀 (1986) によると、鯖の味噌煮と福神漬けは、下宿や戦地で毎日食べていたため嫌いとある。戦地では、ビタミンの摂取もままならなかった。

庭一面にたくさんの花を植え、私生活ではいつも静かに葉巻をふかしながら本を読んでいた。トイレでも葉巻をふかした。煙草の葉は、燃やして吸えばリスクになる。吹かすだけでも口腔や咽頭そして食道には害がある。葉巻の匂いが鴎外の肌に浸み込んで、一種の体臭になっていた。終末期には腎臓病の症状が進み、体が弱り極度に神経質になった。

睡眠時間が短く、夜の12時を過ぎても夜明けの5時には目が覚めている。睡眠時間が短いと、免疫力が下がるため、あまりストレスが解消できない。睡眠には、レム睡眠とノンレム睡眠がある。前者は体を回復させる浅い眠りであり、後者は脳を回復させる深い眠りである。(片野2021)

レム睡眠は、アセチルコリンによりその日のバラバラな記憶を整理し、神経細胞同士を連携させて関連づけをする。同時に記憶を消去する際に、脳内血流量が増大し脳温度が上がる。こ

れにはオーバーヒートしないようにメラトニンが体温を下げて
対処している。一方、ノンレム睡眠は、睡眠時間の大半を占め、
成長ホルモンを分泌することにより細胞や皮膚を修復する。就
寝後の最初のノンレム睡眠のときに、成長ホルモンは、分泌量
が最も多い。

　昼寝をしてリラックスしたり、風呂に入ってマッサージをす
る。鴎外の生活習慣はそうではなかった。睡眠時間が短かった
ため、覚醒ホルモンのコルチゾールの分泌が早かった。甘いも
のを好んで食し、長年の間にエネルギーオーバーになっていた
可能性はある。甘いものは、糖質のため高血糖になりやすい。
鷗外といえども血糖値をコントロールせずに放置しておけば、
合併症が生じる。糖尿病の三大合併症は、腎臓障害、網膜症そ
して神経障害である。

　日本成人病予防協会（2014）によると、果物や海藻類には
ソルビドールが含まれていて、血糖値が正常ならば、果糖に変化
してエネルギー源として使われる。しかし、甘く煮た果物から
大量にソルビドールが作られ、血糖値が上がると、細胞内に
ソルビドールが溜まり機能障害を引き起こす。

　長期に渡る高血糖により尿を作る機能が低下すると、老廃物
だけでなくタンパク質のような必要な物質も排泄してしまう。
尿には蛋白が溜まり老廃物が体内に留まることになる。糖尿病
性腎症は、初期状態で自覚症状はほとんどなく、タンパク尿期
で浮腫みや痒み、疲労感が現れる。腎不全期では尿毒症を引き
起こす。糖尿病は、メンタルヘルスの観点からみると、うつ病
になりやすい傾向にある。

4　萎縮腎よりも肺結核が死因

　萎縮腎とは腎臓が硬直化して萎縮してしまう状態のことをい
う。この腎障害の原因としては糖尿病が一番多く、腎臓の血管
が駄目になることで起こる。この状態になると、正常な腎臓の
働きが失われてしまい、血中のクレアチニンやBUNの数値が大

きく上がる。また、糖尿病になると、筋肉の機能が低下し握力が下がる。

　鴎外は、弟が二人と妹が一人いた。次弟篤次郎（1867－1908）は、1908年1月喉頭腫の出血で亡くなった。41歳である。末弟潤三郎（1879－1944）は、1944年4月、65歳のときに萎縮腎で亡くなった。二人の弟の間に妹喜美子（1871－1956）がいて東京大学の小金井良精教授に嫁ぎ、1956年1月に老人性肺炎で亡くなった。85歳である。彼らは、特別病弱でもなく、森於菟（1985）によると、鴎外の母系の人たちは、女性が長生きで、男性は動脈硬化により腎臓を侵されて萎縮腎になった。

　萎縮腎は、慢性的な腎臓病の末期に起こる。腎臓の組織に酸素や栄養が届かなくなり、腎臓の細胞が壊死してしまう。萎縮腎の症状は、血尿や頻尿などの排尿障害である。また、貧血や疲労感、吐き気や嘔吐といった症状も出てくる。昼間より夜間のほうが尿量は多く、睡眠時に2、3回はトイレに行くようになる。しかし、こうした症状が進んでも、鴎外は、検尿を断っていた。（森於菟1985）

　鴎外の場合、腎臓は直接死因になるほどではなく、葉巻を愛したゆえに長きに渡り潜んでいた結核病巣が壮年期に活動して亡くなった。森於菟（1985）によると、額田晋東邦大学医学部長が見た鴎外の尿は、萎縮腎の徴候がみられたものの喀痰が酷く、純培養のように結核菌が溢れていた。確かに以前から痰を吐いた紙を庭の隅で焼いていたことも判明している。鴎外は、肺結核をできるだけ隠したかった。

　肺に吸い込まれた結核菌は、感染後増殖し始める。しかし、人体は、免疫を作り抵抗するため、直ちに発病するわけではない。例えば、糖尿病の症状が発現し、免疫力が下がって発病することはある。亡くなる5年前の56歳のときに年齢との関係から右目弱視になり、中心性網膜炎の症状もあった。結核性アレルギー及び糖尿病によるものである。

　人間森鴎外に続き、以下では鴎外の小説を題材にし、作家森鴎外から病跡学を考える。

5 病跡学を鴎外の小説から考える

鴎外の小説「山椒大夫」(1915) や「佐橋甚五郎」(1913) を使用して、メンタルヘルスから病跡学について考えたときに、シナジーのメタファー（作家の執筆脳）を鴎外と感情にした。その際、ファジィコントロールのことをふと思った。これは、人間の感情による決定には適応されず、あくまで日常の経験や論理思考を数式で理解するために開発され、感情による決定を人間自身には理解できないものとする。(花村 2005) そのため、作家鴎外の執筆脳に関し敢えて感情を取り上げた。どのような説明が可能なのかを考えるためである。

鴎外ほどの文豪であれば、女性像を描くにあたり、感情は、あって然るべきである。今回は、医学の公式から彼の小説を考える。

鴎外が理想とする女性は、聡明で美しく、慎ましやかである一方、意気地のある人たちである。「山椒大夫」の安寿もさること、「渋江抽斎」(1916) の五百、「安井夫人」(1914) の佐代、「じいさんばあさん」(1915) のるん、「最後の一句」(1915) のいちなどである。上述したように、気持ちが落ち込んでいたときに、創作活動を好んだことから、鴎外にとって小説を書くことは楽しいことであり、執筆時の彼の脳内には神経伝達物質のドーパミンが分泌していた。

また、遺伝学に興味があった鴎外は、息子の於菟にそれを勧めた。森於菟 (1985) によると、己の容姿を醜いとした鴎外は、息子や孫がさらに醜くなることを恐れ、美しい嫁を持たせてやりたい一心であった。つまり、人種を改良するためか美人を家系に導入することを企てた。

一方に、メンタル面で問題がある女性を取り上げている。「蛇」(1911) のお豊は、古い道徳を否定する異常性格者であり、過剰な時代を代表する女性である。「魚玄機」(1915) の玄機もストレスを感じ不安や心配を上手く解決できない不安障害と、気持ちや考えが上手くまとまらない統合失調症の境界でパーソ

ナリティ障害の症状があった。利己的で相手の気持ちや迷惑を考えることも、社会の道徳習慣に従うこともできず、良心が欠如している反社会的なパーソナリティ障害である。

表1　登場人物の脳の活動

小説名	対象の女	感情の質	説明 （医学の公式＋創発・誘発）
蛇（1911）	お豊	古い道徳を否定、異常性格者。	不安感を和らげるセロトニンが不足している。創発。
安井夫人 （1914）	佐代	内気脱却、無欲。	快感情のドーパミンと精神を安定させるセロトニンが分泌している。誘発。
魚玄機 （1915）	玄機	利己的、社会の道徳習慣に従えない。	パーソナリティ障害を発症。不快感情のノルアドレナリンが分泌している。創発。
じいさんばあさん（1915）	るん	押出しが立派、賢く、手を空けない。	ドーパミンが分泌している。誘発。
最後の一句 （1915）	いち	冷静、臆する所なし。	セロトニンが分泌している。創発。
山椒大夫 （1915）	安寿	束縛、聡明、意気地あり。	ノルアドレナリンが分泌している。誘発。
渋江抽斉 （1916）	五百	果断実行、思いやりがあり、愚痴苦情なし。	快感情のドーパミンと精神を安定させるセロトニンが分泌している。創発。

　上述したように、陸軍省医務局の仕事に比べ文学のために頭を使うことは、楽しいことである。現実的な目標を立てるとか一応の目標に到達すると、神経伝達物質のドーパミン分泌は高まり、モチベーションを維持することができる。（片野2017）ドーパミンは、達成した、褒められる、愛されるといった精神的な報酬により、大脳辺縁系の側坐核が刺激され、脳幹の中脳にある神経核から分泌される。
　ノルアドレナリンは、集中、注意、覚醒、判断などの脳の働きに関与し、例えば、危機的な状況に追い込まれるとストレスも生まれ、玄機のごとくノルアドレナリンの分泌が高まる。

ノルアドレナリンは、脳幹の橋に位置する青斑核から分泌され、視床下部や大脳皮質など脳全体に届く。

セロトニンは、精神を安定させてくれる調整物質である。セロトニンが分泌すると、癒しから幸福感が得られ、前向きな気持ちになる。安井家に嫁いだ佐代は、内気を脱却し前向きに生きていく。身嗜みは質素であるも家や書生の世話に従事し、多くの人と良好な関係にあった。夢はあっても欲はかかない。献身とは普遍である。セロトニンは、脳幹にある縫線核という神経核から分泌され、視床下部や大脳皮質など脳全体に届く。

神経伝達物質は、扁桃体で生じる情動を届けるのが役割である。情動は、創発と誘発に下位区分されるとともに、畏敬と組になりその結び目に感情が来る。従って、鴎外の執筆脳とするシナジーのメタファー鴎外と感情は、成立することになる。

6　まとめ

森鴎外の病跡学について人間鴎外と作家鴎外という二つの側面から考察した。鴎外の糖尿病は、息子の森於菟や娘の小堀杏奴の記録より萎縮腎の様子を連想して読み取った。葉巻を愛した鴎外ならではの病跡があり、考察するに値する。また、作家としては、執筆時の脳の活動を感情としていることもあり、メンタルヘルスから理想の女性と嫌悪の対象になる女を取り上げた。

病跡学は、日本文学に関してこれまでに三浦綾子の「道ありき」でうつ病を、井上靖の「わが母の記」で実母の認知症を分析している。今後は、人間誰々、作家誰々という構成で論文を作成し、計算文学から病跡学のルートを作るために、日本文学のみならず他の国地域の作家も含めて考えていく。

現状について述べると、南アフリカの作家ナディン・ゴーディマの *The Late Bourgeois World* で適応障害について、オーストリアの作家ペーター・ハントケの *Wunschloses Unglück* で実母の気分障害を、そして魯迅の「狂人日記」（1918）で統合失調症

を、パール・バックの The child who never grew「母よ嘆くなかれ」（1950）で発達障害を分析している。これらについても、一応、原書からのデータベースの作成がある。

　作家の執筆脳を探るシナジーのメタファーは、ミクロ、メゾ、クラウド、マクロからなり、メゾに溜まったデータを比較しながら集団の脳の活動としてマクロでまとめる段取りになっている。自系の地球規模と他系との共生で計算文学と病跡学が交わるシステムは、リスクや環境そして医療にまで跨り、クラウドからの〇〇社会学の指令でメゾのデータを束ねる（→補説5）。シナジーのメタファーがシステムとして機能するように、作家の執筆脳に関しデータベースを作成しながら繰り返して実験を重ねていく。

参考文献

梶谷哲男　森鴎外の病跡　日本病跡学雑誌第23号　1982.

片野善夫監修　予防医学術刊行物ほすぴ157号、181号、183号　ヘルスケア出版　2017、2021.

小金井喜美子　鴎外の思い出　岩波文庫　1999.

小堀杏奴　晩年の父　岩波文庫　1986.

日本成人病予防協会監修　健康管理士一般指導員受験対策講座テキスト　ヘルスケア出版　2014.

花村嘉英　計算文学入門－ Thomas Mann のイロニーはファジィ推論といえるのか？　新風舎　2005.

花村嘉英　从认知语言学的角度浅析鲁迅作品－魯迅をシナジーで読む　華東理工大学出版社　2015.

花村嘉英　日语教育计划书－面向中国人的日语教学法与森鸥外小说的数据库应用　日本語教育のためのプログラム－中国語話者向けの教授法から森鴎外のデータベースまで　南京東南大学出版社　2017.

花村嘉英　从认知语言学的角度浅析纳丁・戈迪默　ナディン・ゴーディマと意欲　華東理工大学出版社　2018.

花村嘉英　三浦綾子の「道ありき」でうつ病から病跡学を考える
　　中国日语教学研究会上海分会論文集　2021.

花村嘉英　小説をシナジーで読む−魯迅から莫言へ　ブイツー
　　ソリューション　2023.

森鴎外　ちくま日本文学17　筑摩書房　2009.

森鴎外　渋江抽斎　中公文庫　1997.

森鴎外　蛇　青空文庫.

森鴎外　Wikipedia.

森於菟　父親としての森鴎外　筑摩書房　1985.

第2章

川端康成の病跡学－人間川端と作家川端

1　はじめに

　川端康成（1899－1972）は、大阪生まれで幼少時は病弱であった。両親が早く亡くなったため祖父のもとで育ち、尋常小学校の低学年は、休みが多く、高学年になってようやく欠席がなくなった。大阪茨木の中学校に徒歩で一里半毎日通ううちに、体も次第に丈夫になった。1914年の中学校3年時に、祖父が亡くなる。その様子は、「十六歳の日記」（1925）に書かれている。その後、寮で生活するようになり、次第に文学の世界に入っていく。

　1917年9月第一高等学校文科第一部乙類英文科に入学する。人間川端康成については、不幸な生い立ちによる精神の病を癒してくれた伊豆湯ヶ島での湯治から話を始める。「伊豆の踊子」（1926）の原案がそこにあり、康成の青春の一頁が描かれているためである。

　1920年9月、東京帝国大学文学部英文学科に入学する。菊池寛や横光利一と出会い、文学が一生の仕事になっていく。しかし、1922年6月、出欠に厳しい英文科から国文科へ転科した。

　人間川端康成の特徴といえば、何かと凝視することである。川端夫人の秀子も、彼の性格を最もよく表しているものは、彼のあの鋭い眼としている。そこで視覚にまつわる情報を集めながら、康成の病気の足跡を追っていく。

　作家川端康成では、川端の小説全体に関ししばしばいわれる3つの特徴を考える。一つは死について、2つは悲しい女について、3つは内容が夢表現などの説明で超時空に展開することである。（稲村1975）

　これらの関係は、並列ではなく、死が主題で残りの二つは、

死から派生してできている。例えば、死が作者と出会うところ
で悲しい女が登場し、この世の世界と遭遇するところで超時空
が現れる。確かに睡眠薬に溺れた生活も現実を離れ超時空の
入口の役割を果たしていた。

　川端は、亡くなった人の作品を読むうちに体力が衰え、傍か
ら見ていても半病人のようになってしまう。死んだ人と一緒に
生きているようで、ある種の共感能力を備えていた。(川端1983)

2　人間川端康成

　1917年、第一高等学校の英文科に入学後、寮生活となり、1918
年秋、康成の不幸な生い立ちが残した精神の疾患が気になって、
10月30日から11月7日までの約8日間、修善寺から下田街道を
湯ヶ島まで一人で旅をした。精神の打撃に遭ふと、心労の前に体
の衰へを感じ、その徴しとして足が痛み出し、癒すために湯ヶ島
へ向けて逃避した。

　この時、旅芸人と道連れになり、「伊豆の踊子」の原案が作ら
れる。踊り子の好意は、康成の不幸な生い立ちが残した精神の
疾患を癒してくれた。また、幼い時の眼底結核により右目が見
えにくく、右半身も時々しびれる持病があった康成にとり、
湯ヶ島は、湯治も兼ねていた。

　自身のことのみならず、周囲にいる病んだ人たちにも目を向
ける。1923年9月1日、関東大震災に遭遇した川端は、幾百幾千
もの死体を見たが、その中でも最も心を刺されたのは、出産と
同時に死んだ母子の死体であった。特に凝視をしなくても、目
に余る光景であったに違いない。

　視覚の情報は、五感の中で一番多く、全体の約82％を占める。
川端の凝視は、冴えわたる。1925年、白内障で認知症の祖父を
描いた看病日記「十六歳の日記」が発表された。1927年、妻の
秀子が慶応病院で出産するも、女児は死産であった。

　谷中坂町にいた頃、お客が来た時に甘いものを食し、急性糖尿
の症状が出た。その後、高熱が出て慶応病院で結核と診断され、

腎臓も疑われ色々な検査を余儀なくされた。「花のワルツ」
(1936) 執筆時には、胃が悪くなり吐き気もし摂食をした。

1934年、癩病（ハンセン病）の文学青年北條民雄（本名は七條
晃司）から手紙や原稿を受け取り、以後文通が始まった。1937年
12月5日に北條民雄が亡くなり（23歳没）、東京都東村山市に
あるハンセン病療養施設「全生園」に赴き、北条の遺骸と面会
した。のちにこの北条の死を題材にした小説「寒風」(1941) が
書かれる。

1940年2月、眼が見えにくくなり、慶応病院に4日間入院した。
この時、眼底に過去の結核が治った病痕があり、右眼は網膜の
真中なので、視力が損なわれていた。

1941年、満州毎日新聞の招きで満州国を訪問する。その後も
日本と満州を行き来しながら満州在住の日本人と交流し、太平洋
戦争開戦間際に帰国する。1945年8月、日本が敗戦となった2日
後の17日に、川端は、鎌倉養老院で島木健作の死（42歳没）を
看取った。そして、1947年10月「雪国」が完成する。

1958年8月胆嚢が腫れていると診断された。しかし、そのまま
放置したため、心配した藤田圭雄らが10月21日に沖中重雄医師
に鎌倉まで往診してもらい、11月から胆石（胆嚢炎）のため東大
病院に入院した。12月には妻秀子も入院する。(川端1983)

1961年「古都」を執筆しているころから、睡眠薬を多く飲む
ようになる。1962年睡眠薬の禁断症状が出て、2月に東大沖中内
科に入院した。10日間ほど意識不明状態が続いた。1966年1月か
ら3月まで肝臓炎のため、東大病院の中尾内科に入院した。

その後、1968年12月ノーベル文学賞を受賞する。

1972年3月7日に急性盲腸炎のために入院して手術し、15日に
退院した。4月12日に、吉野秀雄の長男・陽一がガス自殺し、そ
の弔問に出かけた。4月16日、仕事場用に購入していた逗子マリ
ーナ本館の部屋でガス自殺をする。死亡推定時刻は、午後6時頃
でガス中毒死である。常用していた睡眠薬（ハイミナール）中
毒の症状があり、酒が飲めない性質なのに飲みかけのジョニー
ウォーカーの瓶とコップが放置され、遺書らしきものはなかった。

自殺に関しては諸説がある。身体の不調のため睡眠薬による中毒症状が確かにあり、また手伝いの鹿沢縫子が帰郷することも自分の時代の終わりを告げていた。ノーベル賞受賞時の講演でも作家として日本古来の悲しみの中に戻る決意で小説を書いているとした。

　こうしたもののあわれが新たな歴史として生まれ変わる。朝鮮戦争（1950－1953）の戦争特需に始まる高度経済成長（1955－1972）がさらなる新しい時代の到来を告げていた。外交史上重要な沖縄返還（1972年5月）や中日国交正常化（1972年9月）といった歴史の頁がその一例である。

3　作家川端康成

　病人特有の感情について視覚情報を基に分析すると、川端ほどの作家であれ病人を描くにあたり感情はあって然るべきである。今回は、医学の公式からその様子を探る。

　川端が描く病人は、印象に残った人たちなど身近に存在する。「十六歳の日記」の祖父もさること、「イタリアの歌」（1935）の鳥居博士などである。川端は、視力に障害があるにも関わらず、視覚による観察が好きである。そのため、小説を書くことは、自分のみならず、読者をも意識した楽しい作業であった。執筆時の川端の脳内には、やる気を起こさせる神経伝達物質のドーパミンが分泌していた。ドーパミンは、目標を立てたり目標を達成したときに分泌が高まる。

　「十六歳の日記」は、白内障を患う盲目の祖父の世話から始まる。トイレに行けず、昼に夜に尿尿瓶を使う。耳の遠い祖父の面影を残すために日記を書く。頑固で社交性がなく、30日も便秘しているのに医者に見せない。夕食後まもなくしてご飯を食べさせてくれという。記憶障害から認知症の症状も出ている。アルツハイマー型認知症の場合、記憶や学習に関係するアセチルコリンが減少する。アミロイドβという異常なタンパク質が脳に蓄積するためである。

川端は、この日記を1936年に伯父の蔵で発見した。しかし、当時の様子が記憶にないという。ではそれらの日々はどこへ行ったのか。また、死にそうな祖父の姿をなぜ書いたのか。この日記が作品として読める理由は、写生である。写生にこそ川端の特徴といえる視覚による観察がある。祖父は、75歳で亡くなった。川端の小説の特徴1である。

　「二十歳」（1933）のお霜は、歯科医の息子と結婚し二人の男子を生むも、離縁して子供たちは後妻が育てることになる。お霜は、台湾に渡り銀作も後を追う。銀作が小学校を卒業するとき、お霜は、痩せ細り肺結核が重なり、死病の日々を送る。川端の小説の特徴1と2である。銀作は、お霜の死に際して枕もとでくれぐれもと遺言された。

　日本に帰国してから呉服問屋、洗衣屋などで奉公しながら真っ当な道を探るも、いつの日か掏摸になる。犯罪や女遊びに明け暮れ逮捕され留置場で喀血し入院する。しかし、回復するとまた掏摸をやる。花柳界を遊びまわり、血痰を見たころには死が近い怖さも加わった。刑事に追われ、車に跳ねられて死ぬ。これもまた川端の小説の特徴1である。

　1935年夏、発熱などで体調を崩し慶応病院に入院する。入院中の7月5日に、内務省地階の共済会歯科技工室でアルコール缶爆破事故の火傷を負った歯科医と女助手が病院に担ぎ込まれ、翌日に亡くなった。そして、川端の特徴といえる視覚情報を題材にして、「イタリアの歌」が書かれた。

　研究室が突然火事になり、火達磨の鳥居博士が現れる。全身の皮膚が三分の二火傷し、瀕死の状態でベッドに寝かされ全身を包帯で巻かれている。スポーツ選手としても有名でスポーツ医学の基礎がある。博士論文は、空中戦の神経生理学関係である。

　興奮、恐怖、不安といったメンタルの症状には、興奮性の神経伝達物質ノルアドレナリンが関係している。戦うべきか、逃げるべきかといった緊急事態に作用する。鳥居博士は、防空演習当日、呼吸困難になり、怪鳥のように叫び体を反り返す。嘔吐や血便そして血尿も出る。最後は悶絶した。川端の小説の

特徴1である。

　音楽学校を卒業した助手の咲子は、博士の死後に何げなく
イタリアの歌を歌う。二人の話を思い出すように。川端の小説
の特徴2に通じる。

　一方で、世間でよく話を聞く女性を川端は題材にしている。
「白雪」(1952) の老母や「水月」(1953) の京子である。

　「白雪」に出てくる老婆は、耳が遠い。しかし、嫁の弘子や孫
の幸子のいうことはよくわかる。対話形式よりも独話が多い。
咳をしたり、熱が高く、腸の障害もある。食事以外は入れ歯を
外している。川端の小説の特徴2である。

　手先が器用で編み物が得意で新しい意匠にも関心を持つ。女
の本能か宿命のようでもあり、幸子のセーターは花模様である。
楽しいことをしているときや目的を達成したとき、また、ほめ
られたときに、脳内にドーパミンが分泌するため、老婆は快楽
や幸福を感じる。

　「水月」に出てくる京子の二番目の夫は、病弱である。戦時に
応召され工場で働くも倒れて家に戻る。新婚の家が焼け、間借
りした3カ月の新婚生活だけが病気のない人であった。長期の
ストレスのため、不安を和らげ精神を落ち着かせるセロトニンの
放出量が減っている。

　ベッドにいる間は、手鏡を脇に置いていた。小さい鏡は、病
人にとり新たな自然と人生になった。高原に家を借りて療養す
る。京子の方も畑仕事は、心が明るく希望が持てた。鏡で映す
菜園も病人にとり若葉の世界をもたらした。川端の場合、鏡は、
虹と同様に超時空の入口である。(稲村1975) 川端の小説の特徴3
にあたる。

　前の夫の兄の紹介で今の夫と再婚したが、15も年が離れてい
た。京子は妊娠すると、人相が変わり怯えた。酷いつわりで頭
もおかしくなった。川端の小説の特徴2に通じる。

　急なストレスは、興奮性のノルアドレナリンの分泌を促す。
入院を勧められたが、越後の三条に近い実家に戻った。前の夫
と暮らした高原へ向かう電車の中で吐き気がし、眩暈がした。

29

駅に降りて高原の空気を吸うと楽になった。暖かく濡れた目を拭きながら、京子は昔の家に向った。

　以下に、登場人物の脳の活動に関し、その一例を示す。

表1　登場人物の脳の活動

小説名	対象の病人	身体の症状	説明 (医学の公式＋小説の特徴)
十六歳の日記 (1925)	祖父	盲目、耳が遠い、尿瓶、便秘。	認知症で脳細胞萎縮。アセチルコリンが減少している。特徴1
二十歳 (1933)	お霜	肺結核、痩せ細る、死。	死病の日々に枕もとで銀作に身を誤るなと遺言する。息子を気遣うため、病床でも不快感情のノルアドレナリンが分泌している。特徴1と2
二十歳 (1933)	銀作	疥癬、咯血、血痰。	痒みあり、未成年だが死が近い怖さが加わる。不快感情のノルアドレナリンが分泌している。特徴1
イタリアの歌 (1935)	鳥居博士	全身火傷、嘔吐や血便そして血尿、悶絶。	瀕死の状態、全身包帯に巻かれている。不快感情のノルアドレナリンが分泌している。特徴1
白雪 (1952)	老母	耳が遠い、咳、高熱、腸の障害。	手先が器用で編み物が楽しくてドーパミンの分泌がある。一方、病気の症状からストレスもある。特徴2
水月 (1953)	京子	ストレス、嘔吐、眩暈。	妊娠後、悪阻で怯え入院する。急なストレスのため、ノルアドレナリンが分泌している。特徴2
水月 (1953)	京子の二番目の夫	病弱、ストレス。	鏡越しに世界を見る。病弱による悩みがある。長期のストレスのため、セロトニンの量が減る。特徴3

30

好き嫌い、喜び悲しみ、恐怖や怒りといった感情に影響を与える神経伝達物質は、100種類もあり、信号を伝える興奮性のものと信号を弱める抑制性のものがある。

　興奮性の神経伝達物質は、ドーパミンやノルアドレナリン、アセチルコリンなどである。抑制性のものは、セロトニン、γ－アミノ酪酸（GABA）などである。これらは、心の状態にとり重要な役割を果たしており、バランスがよければ、正常な心の状態が保たれ、症状が強ければ、何かの病気になる。

　「十六歳の日記」の祖父は、認知症で脳細胞が萎縮しているため、アセチルコリンが減少している。「二十歳」のお霜と「イタリアの歌」の鳥居博士は、瀕死の状態にあり興奮性のノルアドレナリンが分泌している。「白雪」の老母は、耳に不自由があるも、編み物が楽しくてドーパミンが分泌している。「水月」の京子の夫は、病弱による悩みがあり、長期のストレスからセロトニンの分泌量が減少している。京子はまた、急なストレスでノルアドレナリンが分泌している。

4　まとめ

　川端康成の病跡学について人間川端と作家川端という二つの側面から考察した。川端自身の病歴もさること他者の病気に関する情報も川端の小説の特徴といえる死に通じている。死に至るまでの様々な症状が描かれており、病跡の際にメンタルヘルスを分析する材料になっている。

　病跡学については、森鴎外や川端康成のみならず、今後も人間誰々、作家誰々という構成で日本文学のみならず他の国地域も含めて論文を作成していく。

参考文献

稲村　博　川端康成の世界　日本病跡学雑誌9号　1975.
片野善夫　ほすぴ181号　ヘルスケア出版　2021.

川端康成　日本の文学　川端康成38　中央公論社　1964.

川端康成　川端康成集　現代日本文学3　筑摩書房　1974.

川端康成　抒情歌、禽獣　岩波文庫　1967.

川端康成　Wikipedia.

川端秀子　川端康成とともに　新潮社　1983.

花村嘉英　从认知语言学的角度浅析鲁迅作品－鲁迅をシナジー
　　で読む　華東理工大学出版社　2015年.

花村嘉英　从认知语言学的角度浅析纳丁・戈迪默　ナディン・
　　ゴーディマと意欲　華東理工大学出版社　2018年.

花村嘉英　川端康成の「雪国」にみる執筆脳について－無と創造
　　から目的達成型の認知発達へ　中国日语教学研究会上海分会
　　論文集　2019.

花村嘉英　三浦綾子の「道ありき」でうつ病から病跡学を考える
　　中国日语教学研究会上海分会論文集　2021.

花村嘉英　小説をシナジーで読む－鲁迅から莫言へ　シナジー
　　のメタファーのために　ブイツーソリューション　2023.

第3章

三浦綾子の「道ありき」からうつ病を考える

1　はじめに

　三浦綾子（1922－1999）が自身の闘病生活を描いた「道あり
き」は、24歳から37歳までの実生活を描いている。この小論は、
「道ありき」に描かれた三浦綾子の病状からうつ病の様子を探る
ことにより、病跡学の分析を試みる。そもそも人文と医学は、
入試や育成に違いがあるため、共生の組合せの中で最も成立し
にくい組である。また、心理と医学の組でも行動様式とか臨床
心理が主な研究のため、執筆脳は、殆んど研究に出てこない。

　病跡学の参考資料として日本病跡学会の論集59号を使用す
る。その中にあるマックス・ウェーバーのうつ病に関する論文
（高橋2000）は、うつ病に対して患者や家族がどのように対応す
るのか、うつ病者の行動や周囲の反応という観点から考察して
いる。この小論も、うつ病者（作者）の発病による影響や虚無
感、周囲の人たちの対応、そして婚約者との死別を乗り越え、
綾子が三浦光世と人生を再スタートする回復の場面について
作者の病を追跡しながら考える。

　シナジーのメタファーの研究の流れをみると、基本的に人文
と自然科学の調節である。まず、人文と理工の計算文学が来て、
次に人文と医学・医療に関する病跡学の考察になる。その際、
理工や医学の専門家による購読の研究と内包の違いを説明する
ため、縦二本のうち二本目を倒したＬのフォーマットによる
文献学で考察を試みる。

　Ｌを連想でみると、縦は比較とか照合を、横は系を跨ぐ入出
力の調節である。その際、人文と社会、人文と情報、文化と栄
養、心理と医学といった組を作ることにより信号が横滑りする。
信号の流れは、縦横共に分析、直感、エキスパートである。

こうした購読脳と執筆脳の相互関係から三浦綾子のシナジーのメタファーを考える。先行研究の計算文学の分析では、作家が思考を繰り返す問題解決の場面が考察対象であった。しかし、病跡学の場合は、問題未解決の場面も含めたより多くの場面の考察が可能である。

2　「道ありき」のLのストーリー

　人生では失うものもあれば得るものもある。例えば、病気になれば気持ちが滅入り、物事を悪く考えるようになる。三浦綾子も敗戦の翌年に肺結核の症状が出た。しかし、医師は、問診で肺結核といわず、肺浸潤とか肋膜と説明した。肺結核と診断すれば、現代でいうがんの告知に匹敵したからである。何れにせよ、綾子は、生きる目標を失い、何もかもが虚しく思われる虚無の心境に陥った。

　虚無的生活は、人間を駄目にする。三浦綾子曰く、全てが虚しいから、生きることに情熱はなく、何もかもが馬鹿くさくなり、全ての存在が否定的になって自分の存在すら肯定できない。そんな時、医学生の前川正という人から聖書を薦められる。聖書は、教訓めいたことのみならず、虚無的な物の見方も含んでおり、自己を否定して追い込むと何かが開けると説く。そして綾子の求道生活も次第に真面目になっていく。そこで「道ありき」の購読脳を虚無と愛情にする。

　旭川での入院当初、三浦綾子自身は、結核からカリエスを発症していると思っていた。カリエスとは、骨の慢性炎症、ことに結核によって骨質が次第に溶け、膿が出るようになる骨の病である。一方、肺結核は、結核菌によって起る慢性の肺の感染症であり、多くは無自覚に起こり、咳、喀痰、喀血、呼吸促迫、胸痛などの局所症状、羸痩、倦怠、微熱、発汗または食欲不振、脈拍増加などの一般症状を呈する。カリエスは、症状が相当進まないと、医師はそのように診断しない。

　札幌に転院してから熱が続き体は痩せ血痰も出て排尿の回数

が多くなり、夜だけで7、8回起きることがあった。病院では、血液検査、尿検査、1.8リットルの水を飲む水検査などの検査が続く。体は、ますます痩せ細り、胸部に空洞が判明した。背中も痛み、下半身に麻痺が来て失禁も伴い、まさにカリエスである。絶対安静の診断が下される。こうした身体疾患が原因となり、気分障害も発症している。

　綾子の交際相手の前川正も手術が決まる。第1回目に肋骨を4本取ることになる。前川は、麻酔が苦手らしい。手術の間無事に終わることを綾子は祈っていた。その年、昭和27年、綾子は洗礼を受けた。正月が来た。前川正は、2週間後に肋骨を4本取るため、2回目の手術を受ける。2回目の手術が終わってから、不吉な夢を見た。正が亡くなったといって彼の母が病室にゴザを返しに来た。あまりにありありとしていて何ともいえない不吉な予感がした。自身の自殺願望すら思い出す。自殺願望も気分障害の症状である。

　ギブスをはめたまま旭川へ帰郷する。31歳になっていた。発病してから8年が過ぎた。前川正の術後の症状を聞くと、血痰が出るという。つまり空洞は潰れていない。翌年の綾子の誕生日4月25日に母上の代筆で和紙に鉛筆書きで書かれた手紙が届いた。それから間もなくして前川正は亡くなった。5月1日の晩、食事中に意識不明になり、そのまま意識が戻らず亡くなったという。綾子は、病室で号泣する。

　前川正の喪が明けてから、綾子の病室を訪問する客の中に三浦光世という男がいた。旭川営林署に勤務する会計係である。死刑因と文通し、慰め力づけている人であった。やはり腎臓結核の手術歴がある。確かに結核は、侵入経路の大多数が肺である。しかし、肺や腸、腎臓などの臓器や骨、関節そして皮膚を侵し、胸膜炎や腹膜炎を起こす。三浦は、清潔で静かな表情をし、前川正と趣味や思想が似ていた。綾子は、熱が出て寝汗もかき、血痰が増え面会謝絶になる。病気を気づかう見舞いから、次第に三浦光世に惹かれていく。

　微熱や寝汗はあるも少しずつ体力がついたころ、万一のため

35

に遺言を書き歌を整理していた。自分の死体を解剖してもらいたい。解剖用死体が不足していて、死後に何かの役に立ちたいという思いからである。三浦光世に渡すと、必ず治るといってノートを読んでくれた。三浦の手紙には、最愛なるという形容が綾子の名前についていた。愛の励ましのおかげで、綾子の体は元気になり、外出もできるようになった。

　昭和34年の正月、三浦の年頭の挨拶のとき、婚約式が1月25日に決まった。式が終わると、結婚式は5月24日になった。よく晴れた日曜日に教会堂で牧師の言葉に二人で深く頷いた。

　回想録執筆時の記憶の中では、肺病のため虚しい思いがつきまとっている。そこで「道ありき」の執筆脳は、虚無とうつにする。ツングの自己評価うつ病尺度（下記参照）を「道ありき」に適用すると、スコアは53点となり、当時の三浦綾子は、中程度の抑うつ傾向にあったといえる。シナジーのメタファーは、三浦綾子と虚無である。

3　ツングの自己評価うつ病尺度

　気分障害の発病により思考の中にも虚しい気持が常に漂っているため、この小説の執筆脳を虚無とうつにした。アメリカのツング博士が提案する自己診断表、ツングの自己評価うつ病尺度（日本成人病予防協会監修2014）を「道ありき」に適用してみよう。

<u>ツングの自己評価</u>

　尺度の項目には、次のようなものがある。①気分が沈んで憂うつだ、②朝方は一番気分がいい、③些細なことで泣きたくなる、④夜よく眠れない、⑤食欲は普通にある、⑥性欲は普通にある、⑦最近痩せてきた、⑧便秘である、⑨普段より動悸がする、⑩何となく疲れる、⑪気持ちはいつもさっぱりしている、⑫いつも変わりなく仕事ができる、⑬落ち着かず、じっとしていられない、⑭将来に希望がある、⑮いつもよりイライラする、

⑯迷わず物事を決められる、⑰役に立つ人間だと思う、⑱今の生活は充実していると思う、⑲自分が死んだほうが他の人が楽になると思う、⑳今の生活に満足している。

　それぞれの項目に「めったにない」「時々そうだ」「しばしばそうだ」「いつもそうだ」という選択肢がある。選択肢には、左から右または右から左へと番号1、2、3、4が付いている。「道ありき」の内容に照らして調べてみると、スコアは53点となり、当時の綾子が中程度の抑うつ症状であったことがわかる。

　虚無については、「道ありき」の第三部の中でも触れている。虚無とは、自己を喪失させ滅びに導く一つの力である。虚無に気づくことは、結核や癌の発見以上に大切である。虚しい世界にいれば、家事、勉学、芸術、就業、結婚など、どの道を選んでも虚しくならずにすむ方法はない。

　しかし、ハンセン病のため手足が不自由で目も見えず、人を頼らなければ呼吸しかできない人の顔が輝いているとか、がん患者が日夜平和を祈り日々時間が足りないという話がある。どうしてこの人たちは、虚無に陥らないのであろうか。彼らは、奪うことができない実存を心得ている。実存とは、真実の存在であり、永遠に実在する神のことである。三浦綾子は、神を信じるときに、虚無を克服できるとする。

4　病跡学へのアプローチ

　高橋（2000）は、ドイツの社会科学の礎を築いたマックス・ウェーバー（1864 - 1920）の精神病から病跡を捉え、うつ病者本人の対処行動を考察している。病跡学には、病理表現まで含む広義の意味と天才の精神分析を試みる狭義の意味がある。ここでは後者の立場で話を進める。

　M．ウェーバーは、政治的な雰囲気のなかに育ち、早くから政治への関心を示していた。ベルリンやハイデルベルクで法律を学び、その後、ベルリンやフライブルクで教鞭をとる。1897

年ハイデルベルクへ移る際に、両親の対立に介入し父を裁き旅へと追いやった。父は、旅先で亡くなり、父を追放したという罪の意識から不眠症を患い、仕事が手につかなくなった。

第一次世界大戦の勃発後、M. ウェーバーは、政治活動を再開し、一連の政治評論を発表する。牧野（2006）によると、世界大戦というドイツ国民にとっての危機が政治活動に飛び込む大義を与えたからである。そして、政治活動の再開は、彼に精神の病の回復をもたらした。M. ウェーバーは、ドイツ統一に向けたワイマール憲法の起草作業に関わり、プロイセンと他の領邦からなるドイツ帝国が連邦の国家として作られた。

高橋（2000）は、M. ウェーバーに関し、Aうつ病者本人の発病による影響、B周囲の対応、C病の回復の三分類で対処行動を分析している。ここでも「道ありき」から抽出した場面の病跡状況を考え、それぞれの内容がどの対処行動に該当するのかを考える。うつ病者本人の対処行動は、以下の通りである。

① 病気に対する周囲の人々の誤解や無理解のため患者自身が苦しむ。
② 周囲にも葛藤が生じる。
③ 回復や社会復帰を焦ると状態が悪化する。
④ 病気は、精神力で克服すべしとする考え方が心理的負担を増大させる。
⑤ 人生の意味を考え周囲との親密な関係を築くなど生活重視に価値観が転換するといった特徴がある。

表1 対処行動の分析

分類	「道ありき」から抽出した場面の病跡状況	対処行動
A	17歳で小学校の教員になった綾子は、昭和21年3月、7年間の教員生活に別れを告げた。自分自身で教えることに確信が持てなくなったためである。6月1日、突如40度近い熱が出た。翌朝、目が覚めると、体中が痛くてリウマチだと思った。病院に行くと、医者もリウマチだといい、ザルブロという薬を打ってくれた。	①
A	一週間経過してある程度の痛みは消えた。しかし、体重が7キロも痩せ微熱がなかなかひかない。当時の医者は、肺結核を肋膜とか肺浸潤と説明した。肺結核の発病は、覚悟していたことが起こることを予感させた。	①
A	来るべきものが来れば、誰でも自分のことを本気で大切に考える。前川正との話の中で、徹底的に身体を診断してもらうことにした。昭和26年秋、綾子の体はいっそう痩せ、目が熱で潤み頬が紅潮し、37度4分の熱が続き血痰も出た。10月20日過ぎに旭川の病院に入院した。	②
A	入院して4カ月経過後も、熱は続き痩せていた。	③
A	排尿の回数が多くなり、動くと背中が痛かった。自分ではカリエスと見当をつけた。しかし、医師は、レントゲンに影が出るまでカリエスと診断しない。	①
A	札幌の病院に転院後、血液検査、尿検査、レントゲン撮影、水検査と立て続けに検査があった。結果的には、綾子の胸部にも脊椎にも異常は認められなかった。	①
A	内科の外来で聴診器を当ててくれた医師が「空洞がある」という。	②
A	微熱があり、肩もこり、血痰も出た。背中の痛みは、ますますひどくなった。スリッパも履けず、このままだと下半身に麻痺が出て、失禁の症状になる。結局、背骨を結核菌が蝕むカリエスという診断がでる。	①＋②
A	ギブスベッドに安静にしていなければならなくなった。	③
B	その後、入院を繰り返す綾子は、婚約者の西中一郎の死後、幼馴染の前川正という北海道大学医学部の学生に惹かれていく。このままでは死んでしまうとする綾子への愛は、信じなければならない。	⑤

39

B	綾子は、酒もたばこもやめる。前川正は、教会所属のクリスチャンである。綾子も教会へ通い始め、前川に薦められて伝道の書（旧約聖書）に目を通す。何もかも空なりとあり、綾子の心は引き込まれた。当初は虚無的な見方があっても、キリスト教と仏教に共通する姿を発見したことが転機となり、綾子の求道生活は、次第に真面目になっていく。	⑤
B	昭和二十五年、綾子と前川正は、以前に比べて親しくなる。旭川の保健所で週一回気胸療法を受けた。肋膜が癒着しない限り、結核患者の胸にゴム管がついた針を刺し、気胸器から空気を送り、空気が肋膜腔に入り胸を圧迫し、肺の病巣は、空気で潰される。（トーマス・マンの「魔の山」でもスイスのダボスにあるサナトリウムのベーレンス院長が気胸病の患者に同じ方法で治療をしている。（花村2022))	⑤
B	馴れた医師には注意が必要である。うっかりして針を血管に刺すと、空気が血管に入り空気栓塞が起こる。また、肋膜腔内に入れる針が、肺に達することがある。呼吸する度に空気が腔内に洩れて肺を縮めやがて死んでしまう自然気胸もある。	①
A	死にたいと思っても死ねず、生きるために自分の意思を奮い立たせても、それ以外に何かが綾子の身体に加わっている。	④
B	何か計画を立てても自分の思い通りには事が進まない。西中一郎との結納の日に綾子は倒れ発病し、結婚の予定を変更した。綾子は、人間の計画を何者かが修正してくれていると考える。無論、神である。	⑤
B	昭和26年に札幌の病院に転院したころ、前川正は、綾子に生きることが人間の権利ではなく義務であると叱るように励ました。それからしばらくして前川正は亡くなった。	②
B	前川正の喪が明けてから、綾子の病室を訪問する客の中に三浦光世という男がいた。旭川営林署の会計係である。死刑囚と文通し、慰め力づけている人である。やはり腎臓結核の手術歴がある。	②
A	確かに結核は、侵入経路の大多数が肺に出る。また、肺や腸、腎臓などの臓器や骨、関節そして皮膚を侵し、胸膜炎や腹膜炎も起こす。綾子は、熱が出て寝汗もかき、血痰が増え面会謝絶になる。	③
B	病気を気づかう見舞いから、次第に三浦光世に惹かれていく。	⑤

C	微熱や寝汗はあるも少しずつ体力がついたころ、万一のために遺言を書き、歌を整理していた。自分の死体を解剖してもらいたい。解剖用死体が不足しており、死後に何かの役に立ちたいと思ったからである。	⑤
C	三浦光世にノートを渡すと、必ず治るといって読んでくれた。三浦の手紙には、最愛なるという形容が綾子の名前についていた。愛の励ましのおかげで、綾子の体は元気になり、外出もできるようになった。	⑤
C	昭和34年の正月、三浦の年頭の挨拶のとき、婚約式が1月25日に決まった。式が終わると、結婚式は5月24日になった。よく晴れた日曜日に教会堂で牧師の言葉に二人で深く頷いた。	⑤

結果

　A発病による影響では、対処行動が①、②、③とバラついている。しかし、B周囲の対応では、②と⑤が多く、C病の回復へ進んでいくと、対処行動は概ね⑤になる。従って、三浦綾子の「道ありき」から病跡学へ寄せた場合に、高橋（2000）が説くうつ病者本人の対処行動の流れに近い分析ができている。

　なお、うつ病は、精神を安定させる神経伝達物質セロトニンが不足すると発症する。セロトニン不足により落ち着きがなくなり、心が変化し衝動的で攻撃的になる。セロトニンの正常な放出を邪魔するものは、ストレスである。三浦綾子の場合も然りである。

5　まとめ

　「道ありき」の執筆脳を虚無とうつにした。作家の執筆脳は、問題解決の場面で強い思考が働くため、これまで主にそうした場面を扱ってきた。しかし、病跡学に寄せる場合は、未解決の場面も考察対象に含めることにし、今回は作者がうつの症状の中で推論を続ける様子を考察した。購読脳の虚無と愛情と執筆脳の虚無とうつには一応相互作用があるため、シナジーのメタファーは、三浦綾子と虚無にする。

　病跡学の研究は、滑り出したところである。目的、効果、目標、メリットを見ていくと、他系列とのクロスした実績を作る

際、人文と医学の組み合わせが最も遠い。例えば、人文から見ると、健康科学の勉強はしても別段自分の研究としてまとめる必要はない。しかし、遠いところの調節ができれば、調整力がついてきた証拠になる。日々研磨していく。

参考文献

日本成人病予防協会監修　健康管理士一般指導員受験対策講座
　　テキスト3　ヘルスケア出版　2014.

高橋正雄　うつ病者としてのマックス・ウェーバー　日本病跡学
　　雑誌59　2000.

花村嘉英　从认知语言学的角度浅析鲁迅作品－鲁迅をシナジー
　　で読む　華東理工大学出版社　2015.

花村嘉英　日语教育计划书－面向中国人的日语教学法与森鸥外
　　小说的数据库应用　日本語教育のためのプログラム－中国語
　　話者向けの教授法から森鴎外のデータベースまで　南京
　　東南大学出版社　2017.

花村嘉英　从认知语言学的角度浅析纳丁・戈迪默－ナディン・
　　ゴーディマと意欲　華東理工大学出版社　2018.

花村嘉英　シナジーのメタファーの作り方－トーマス・マン、
　　魯迅、森鴎外、ナディン・ゴーディマ、井上靖　中国日语
　　教学研究会上海分会论文集　2018.

花村嘉英　計算文学入門（改訂版）－シナジーのメタファーの
　　原点を探る　ブイツーソリューション　2022.

花村嘉英　小説をシナジーで読む－魯迅から莫言へ　シナジー
　　のメタファーのために　ブイツーソリューション　2023.

花村嘉英　小説をシナジーで読む－森鴎外から川端康成へ　データ
　　ベースと病跡学に備えて　ブイツーソリューション　2024.

牧野雅彦　マックス・ウェーバー入門　平凡社　2006.

三浦綾子　道ありき（青春編、結婚編、信仰入門編）新潮文庫
　　2004.

第2部　外国文学

第1章

魯迅の「狂人日記」と統合失調症

1　狂人日記の認知プロセス

1.1　狂人と覚醒

　魯迅の「狂人日記」は、中国近代文学史上初めて口語体（白話文）で書かれた。当時の中国社会を人が人を食う社会と捉え、救済するには肉体よりも精神の改造が必要であるとした。中国の支配者層が食人的封建社会を成立させるために儒教の教えを利用したからである。しかし、結局は虚偽にすぎず、「狂人日記」の中に登場する礼教食人を生み出した。魯迅は、死ぬ直前まで馬々虎々（詐欺も含む人間的ないい加減さ）という悪霊と戦った。（片山2007）この悪霊を制圧しない限り、中国の再生はありえないという信念があったからであろう。

　主人公の狂人は、被害妄想に罹っていた。但し、従来の狂人の扱いについては、中国と日本で違いがある。中国での見方は、以下の三つである。

1　主人公の狂気は、見せかけであり、反封建の戦士というもの。
2　主人公の狂人は、本当であり、反封建の戦士ではなく、反封建思想を託されたシンボルというもの。
3　まさしく迫害にあって発生した反封建の戦士というもの。

　一方、日本の見方は、主人公の狂気は覚醒したとなっている。（大石1996）
　この小論では、狂人の狂気は覚醒したとしながらも、同時に

狂人が発する中国人民への説得も認知プロセスと関連づけて考えていく。つまり、人間が野蛮であったころは人を食いもした。[1]しかし、よくなろうとして人間を食わなくなったものは、本当の人間になった。こうした努力こそが大切だとするリスク回避による意思決定論を見ていきたい。

狂人は、確かに狂気に陥っている。狂人の発病時期を考えると、30年ぶりにきれいな月を見たという書き出しの日記のため、相応の年月が経っていると推定できる。20年前に古久先生の古い出納簿を踏んでいやな顔をされた中学生の頃には、症状が周囲からも見て取れた。

魯迅は、日本留学中（1902－1909）に個人を重視する近代ヨーロッパの精神を学んでいる。これは魯迅にとって、儒教を拠り所とする封建的な物の考え方とは全く異なる革命的な思想であった。これを狂人が狂気に陥った一要因とするのはどうであろうか。

覚醒の時期についてもいくつかあるようだ。（大石1996）例えば、

1　歴史書を紐解いて食人を発見した場面。
2　またひとつは、妹の肉を食う場面。家族が食人の世界とつながり、自分もその中にいることを発見した場面。
3　そして、子供を救えと訴えつつ、中国民族の再生を望む場面。

これらの場面と狂人が人民に向けて説得を繰り返す場面を認知プロセスと関連づけるために、以下の表で狂人の言動として見ていこう。

1.2　狂人の言動

以下の表は、一対一の中文と和文ではなく、ストーリーを掴むための場面の対照表である。翻訳及び作成は、著者による。

表1　狂人の言動

番号	中文	和文
第1章　月夜の晩		
1	今天晚上，很好的月光。我不见他，已是三十多年，今天见了，精神分外爽快。那赵家的狗，何以看我两眼呢？我怕得有理。	今夜はいい月である。見なくなって三十年余りになる。今日は見たため、気分がとても爽やかである。趙家の犬がどうして俺を見るのだろう。俺が怖がるのも当然である。
第2章　出納簿		
2	赵贵翁的眼色便怪，似乎怕我，似乎想害我。还有七八个人，又怕我看见。一路上的人，都是如此。其中最凶的一个人，张着嘴，对我笑了一笑。我便从头直冷到脚跟晓得他们布置，都已妥当了。	趙貴翁の目つきがおかしい。俺を怖がっているようでもあり、俺をやっつけようとしているようでもある。他の七、八人も俺にみられるのを怖がっている。道行く人も皆そうであった。その中で一番質の悪い奴が俺に向かって笑いかけやがった。全身でゾッとした。わかった、彼らはもう手配ができている。
3	小孩子的眼色也同赵贵翁一样。只有廿年以前，把古久先生的陈年流水簿子，踹了一脚。赵贵翁虽然不认识他，一定也听到风声，代抱不平。但是小孩子呢？那时候，他们还没有出世，何以今天也睁着怪眼睛。我明白了。这是他们娘老子教的！	子供たちの目つきも趙貴翁と同じである。二十年前、古久先生の出納簿を踏んづけたことがある。趙貴翁は、古久先生と知り合いではないが、噂を聞いて怒っていた。子供たちは、その時まだ生まれていないのに、なぜおかしな目つきで睨むのだろう。わかった。彼らの親たちが教えたからだ。
第3章　研究		
4	昨天街上的那个女人，打他儿子，他眼睛却看着我。我出了一惊，遮掩不住。	昨日道で会った女は、息子を殴りながら俺を見た。思わずうろたえた。
5	陈老五赶上前，硬把我拖回家中了。家里的人的眼色，也全同别人一样。	陳老五が無理やり俺を家に引きずり込んだ。その家の人の目つきも他の連中と同じである。

45

6	他们村的一个大恶人，给大家打死了。几个人便挖出他的心肝来，用油煎炒了吃，可以壮壮胆子。我插了一句嘴，佃户和大哥便都看我几眼。今天才晓得他们的眼光，全同外面的那伙人一模一样。 想起来，我从顶上直冷到脚跟。他们会吃人，就未必不会吃我。我看出他话中全是毒，笑中全是刀。他们的牙齿，全是白历历的排着，这就是吃人的家伙。	狼子村の極悪人が皆に殴り殺されたが、数人の者がその男の心臓と肝臓を抉り出し油で炒めて食べた。これで肝っ玉が大きくなることだろう。俺が口を挟むと、小作人と兄がじろじろ俺を見た。今日やっとわかった。彼らの目つきは、外のあの連中と全く同じ目である。 思い出すと頭の天辺から爪先までゾッとする。彼らは人を食う。俺を食うかもしれない。彼らの暗号を読み取ると、話や笑いが毒や刀で、歯は人を食う道具である。
7	照我自己想，虽然不是恶人，况且他们一翻睑，便说人是恶人。我还记得大哥教我做论，无论怎样好人，翻他几句，他便封上几个圈。原谅坏人几句，他便说"翻天妙手，与众不同"。	自分を振り返って見て、俺は悪人ではない。しかし、仲たがいをすれば、すぐに人を悪人呼ばわりする。兄が俺に論文の書き方を教えてくれたとき、善人でも少しけなすと圏点をつけるし、悪人を少し弁護すれば「天を翻す妙手にて、衆と同じからず」とほめるといった。
8	满本都写着两个字是"吃人"! 书上写着这样多字，佃户说了这许多话，却都笑吟吟的睁着怪眼看我。我也是人，他们想要吃我了!	歴史書にも「食人」の二文字が書いてある。小作人は、にやけて笑いながら、怪しげな目つきで俺を睨んでいる。彼らは、俺を食おうと思っている。(覚醒①)
	第4章　大発見	
9	大哥说，今天何先生来。无非借了看脉这名目，揣一揣肥瘠。静静的养几天，就好了。养肥了，他们是自然可以多吃。真要令我笑死。这笑声里面，有的是义勇和正气，老头子和大哥，都失了色。	兄が医者を連れて来た。脈を見ながら、肥り具合を見る。静養すれば、良くなるという。しかし、静養したら肥って、それだけ多く食える。笑止千万である。大笑いは、俺の勇気と正義で、医者と兄は顔色を失くした。

| 10 | 老头子对大哥说道，"赶紧吃罢！"合伙吃我的人，便是我的哥哥！大发见。我是吃人的人的兄弟！ | 医者が兄に「早く食べろ」という。俺を食おうとしてぐるになっているのは、俺の兄である。大発見だ。俺は、人食い人間の弟である。 |

第5章 証拠

| 11 | 医生和大哥是吃人的人。"本草什么"上，明明写人肉可以煎吃。大哥说过可以"易子而食"，又议论起一个不好的人，他便说不但该杀，还当"食肉寝皮"。前天狼子村佃户来说吃心肝的事，他不住的点头。 | 医者も兄も食人である。本草学の本に人肉は煮て食えるとある。「子を易えて食らう」とは兄のことばで、悪人について議論したとき、殺すだけでなく、「肉を食らいて皮に寝ぬ」といっていた。一昨日、狼子村の小作人が来て心臓や肝臓を食うことを話したが、彼は、しきりに頷いていた。 |

第6章 暗闇

| 12 | 黑漆漆的，不知是日是夜。赵家的狗又叫起来了。狮子似的凶心，兔子的怯弱，狐狸的狡猾，…… | 真っ暗で、昼なのか夜なのかわからない。趙家の犬がまた吠え出した。獅子のように凶悪な心、ウサギの卑怯、狐の狡猾。 |

第7章 改心

| 13 | 他们大家连络，布满了罗网，逼我自戕。自己紧紧勒死。 他们是只会吃死肉的！叫海乙那的，时常吃死肉。海乙那是狼的亲眷，狼是狗的本家。要劝转吃人的人，也先从大哥下手。 | 彼らは、皆で連絡を取り、網を張り、俺を自殺に追い込もうとしている。首つりだ。 彼らは、死肉しか食えやしない。ハイエナという動物がいて、いつも死肉を食う。ハイエナは狼の親類であり、狼は犬の本家だ。人を食う人間を改心させることを、まず、兄から始めよう。 |

第8章 ある男の夢

| 14 | 忽然来了一个人。年纪不过二十左右。我便问他，"吃人的事，对么？"含含糊糊的答道，"没有的事"。他便变了脸，铁一般青睁着眼说，"也许有的，这是从来如此……" | 二十歳前後の男がやってきた。「人食いが正しいかどうか」尋ねた。「ありもしない」とあいまいにいう。すぐに顔を変えて、鉄のような青色になって、眼を見張って、「あるかもしれない、昔からそうだったから」といった。 |

15	我直跳起来，张开眼，这人便不见了。全身出了一大片汗。他也是一伙。这一定是他娘老子先教的。还怕已经教给他儿子了；所以连小孩子，也都恶狠狠的看我。	飛び起きて眼を見開くと、その男の姿はなく、全身汗まみれだ。彼も一味だ。親から教わり、子にも伝えている。だから、子供が憎々しく俺を見る。

第9章　疑心暗鬼		
16	自己想吃人，又怕被别人吃了，都用着疑心极深的眼光，面面相觑。	食おうとしながら、食われるのを恐れている。疑心暗鬼の目で互いに疑っている。
17	去了这心思，何等舒服。他们可是互相劝勉，互相牵掣，死也不肯跨过这一步。	こうした考えを捨てたら、どんなに気楽だろう。しかし、彼らは、互いに励ましあい、牽制しあい、死んでもこの一線を越えようとはしない。

第10章　説得		
18	我格外和气的对大哥说，"大约当初野蛮的人，都吃过一点人。后来因为心思不同，有的不吃人了，变了真的人，有的却还吃。他们会吃我，也会吃你。但只要转一步，也就人人太平。我们说是不能!"	格別に和やかに兄に話しかけた。「たぶん太古の人はみな人を食った。その後、考えが変わり、人を食わなくなって、本当の人間になった者もいれば、ある者はやはり食っていた。彼らは、俺を食おうとしている。兄さんのことも食うよ。一歩向きを変えれば、皆が太平になるよ。いけないといえばいい。」
19	他眼光便凶狠起来，那就满脸都变成青色了。大门外立着一伙人。这时候，大哥也忽然显出凶相，高声喝到，"都出去! 疯子有什么好看!"	兄の目つきが凶悪になり、顔が真っ青になった。表門の外に一味のものたちが立っていた。その時、突然、兄が大声で怒鳴った。「みんな出て行け。気違いが、何がおもしろい。」
20	预备下一个疯子的名目罩上我。这是他们的老谱!你们可以改了，要晓得将来容不得吃人的人，活在世上。即使生得多，也会给真的人除灭了。"	気違いという名目を用意して俺におっかぶせるのは、彼らの常套手段である。「お前たち、改めるがよい。人を食う人間は、この世で生きていけなくなることを知れ。たとえ生き延びたとしても、本当の人間に滅ぼされてしまう。」

21	我回屋子里去。屋里面全是黑沉沉的。横梁和椽子都在头上发抖，堆在我身上。万分沉重，动弹不得。他的意思是要我死。	部屋に戻ると、真っ暗で梁や椽が頭上で大きく揺れ出し、体にのしかかってきた。重くて動けない。俺を殺そうとしている。
22	我晓得他的沉重是假的，便挣扎出来，出了一身汗。"你们立刻改了，从真心改起！你们要晓得将来是容不得吃人的人，……"	重さがにせものとわかり、もがいて抜け出した。全身が汗まみれ。「おまえたち、すぐに改めよ。心の底から改めよ。やがて人を食う人間はいられなくなることを知るがよい。」

第11章　妹

| 23 | 那时我妹子才五岁，可爱可怜的样子，还在眼前。妹子是被大哥吃了，他却劝母亲不要哭。大哥说爷娘生病，做儿子的须割下一片肉来，煮熟了请他吃，才算好人。但是那天的哭法，实在还教人伤心。 | あの時、妹は五歳になったばかりで、可愛らしい様子が今も目に浮かぶ。妹は、兄に食われてしまった。しかし、兄は、母に泣くなといった。兄は、父母が病気になったら、子は、肉を一切れ割いてよく煮て食べてもらってこそ立派な人間なのだといった。だがあの日の泣き方は、本当に胸が痛くなった。(覚醒②) |

第12章　本当の人間

24	大哥正管着家务，妹子恰恰死了。我未必无意之中，不吃了我妹子的几片肉。	兄が家事をきりもりしていた。その時妹は死んだ。知らぬ間に妹の肉を食わなかったとはいえない。
25	有了四千年吃人履历的我，现在明白，难见真的人！	四千年の食人の履歴がある俺。もう分かる。本当の人間にはめったに会えない。

第13章　救済

| 26 | 没有吃过人的孩子，或者还有？救救孩子…… | 人を食べたことがない子供ならいるかもしれない。子供を救え。(覚醒③) |

49

1.3 被害妄想は統合失調症

被害妄想は、感情と思考がうまく調和しない統合失調症の一症状である。統合失調症の原因については、神経細胞の移動を促すケモカイン不足により引き起こされるという説が有力である。以下に、統合失調症の症状をまとめてみる。

表2 統合失調症の症状

症状	説明
妄想気分	これまでとは何かが違うような、世の中が変わったような、不安と気持の昂りが混ざった気分のことである。被害妄想にかかると、些細なことでも自分を貶めるための仕業と思い込んでしまう。
注意障害	統合失調症が発症する前段階でみられる。他の雑音には目もくれず、特定の刺激だけに焦点を絞る選択的注意と注意するが故に注意散漫になる持続的注意とがある。
幻聴	最も多いのは、批判や悪口が聞こえてくるという症状である。幻聴がみられると、独り言や空笑が起こりやすく、幻聴に向かって怒鳴ったりすることもある。こうした幻覚症状は、被害妄想とセットになっている場合が多い。
自我障害	自分と他者との境界が崩れて自我境界が曖昧になり、自分の秘密が筒抜けで自分の考えが周囲に広まっていると感じてしまう。
思考障害	言動のまとまりが悪くなり、思考の統合が緩くなる症状。話がとぎれとぎれで飛んでしまい、会話が支離滅裂になり、論理的な筋道に立って話すことができなくなる。

昔から統合失調症には分裂気質（シゾイド）の人がかかりやすいといわれている。シゾイドとは、内向的で孤独を好み、思索的で浮世離れした性格を指していう。また、近年の研究からは、受動型の人がかかりやすいこともわかってきた。幼児体験でいうと、いじめを受けた人は、攻撃されても反撃しないことから、受身的な行動様式をとる性格といえる。

岡田（2011）によると、統合失調症の症状は、通常、陽性と陰性に分けられる。前者は、幻覚、独り言、妄想そして興奮といった中枢神経系の病的な活動が原因で発症し、後者は、活動意欲の低下や自閉症のように中枢神経の活動や機能が低下して起こる無気力状態のことである。自分の秘密が筒抜けと感じる自我漏洩症状や自分の考えが周囲に広まっていると感じる思考伝播などの自我障害を幻覚妄想症状に含めて考えることもある。

　これらのほかに認知機能の障害も認められている。統合失調症の患者は、関係のないことを気にする傾向があり、大切なものに注意を向けることができない注意障害を引き起こす。精神科医たちは、陽性や陰性の症状が始まる前に短期記憶や注意力といった認知機能の低下に注目する。

　また、統合失調症の患者は、情報を処理する際に、ストレスを感じて負荷がかかりやすい。通常、感覚器官から入ってきた情報は、脳の視床で篩にかけられる。しかし、情報量が増えて処理能力を上回りそうになると、情報量を減らすために視床フィルターが機能する仕組みになっている。統合失調症の患者は、これがうまくできない。思考や行動がまとまりを失う解体症状を引き起こすためである。

2　場面の認知プロセス

2.1　食人の非線形性

　表2の狂人の言動を表1の認知プロセスに当てはめながら、それぞれの場面の認知プロセスを確認していこう。プロセスの要素は、以下の［・・］書きのものを採用する。ここでの分析は、病跡学の一例と考えている。

脳の活動①

表3　非線形性の認知プロセス（妄想気分）

認知能力の プロセス	要素の抽出例
①知覚と注意	［知覚］狂人の視神経が趙貴翁の目つきに反応する。他の7、8人、道行く人、子供たちも趙貴翁と同じ目つきである。 ［注意］グループ化と比較。
②学習と記憶	［外部からの情報］彼らの暗号を読み取る。 ［スキーマ］話や笑いが毒や刀で、歯は人を食う道具である。 ［既存の知識］歴史書にも食人の二文字が書いてある。 ［学習］にやけて笑いながら、怪しげな目つきで睨む人は、俺を食おうと思っている。
③計画と推論	［計画］狂気から覚醒する。 ［問題分析］中国では儒教による封建主義が時代の思潮であった。しかし、留学先の日本で近代ヨーロッパの精神に触れて狂気に陥った。 ［問題解決］食人行為は、歴史からも見て取れるが、今でもずっと続いている。食人行為を捨てれば、楽しくもある。 ［推論］人を食べて自分を調節している人間は、実在する。こうした人間が一線を越えて真の人間になるための振舞いは、無秩序で予測がつかない。

　この認知プロセスのモデルから狂人の脳の活動にみられる非線形性が見て取れる。

　食人の言動は、一見人を食べるための秩序に則っているようである。道行く人や子供も道で会った女も陳老五も兄や小作人も皆、趙貴翁と同じ目つきで俺を見る（例、表2の2、3、4、5、6、8）。ゾッとする。俺を食うかもしれない。しかし、一線を越えて本当の人間になるための振舞いは、秩序を持って予測することが難しい。そこには順序とか確かな筋立てのような直線的なルールがあるわけではない。従って、食人の振舞いは、カオスの非線形性に通じる特徴になる。

2.2 狂人と食人の非決定論 (初期値敏感性)

狂人の言動と統合失調症の症状を重ねて考えてみよう。表2の5つの症状は、狂人の言動からも読み取れる。例えば、俺を食おうと思っているとか俺を自殺に追い込もうとしているという狂人の思いは、些細なことでも自分を貶めるための仕業と思い込む妄想気分である。

他の雑音には目もくれず、特定の刺激だけに焦点を絞る注意障害についても、狂人が趙貴翁や道行く人または子供たちの目つきにばかり気を取られることから読み取れる。20年前の古久先生の出納簿を踏んづけたことも頭を過ぎる（例、3）。

脳の活動②

表4　注意障害の認知プロセス

認知能力の プロセス	要素の抽出例
①知覚と注意	［知覚］趙貴翁の目つきが俺を怖がっている。 ［注意］比較や研究。
②学習と記憶	［外部からの情報］子供たちの目つきもそうだった。目つきが趙貴翁と同じである。小作人と兄の目つきも外のあの連中と全く同じ目だ。 ［スキーマ］目つき ［既存の知識］趙貴翁の目つきと古久先生の出納簿。 ［学習］彼らは、怖がるような恐ろしい目つきで俺を睨む。
③計画と推論	［計画］物事を研究する。 ［問題分析］どうして俺を睨むのか。彼らの親たちが教えた。 ［問題解決］善人をけなせば圏点が付き、悪人を弁護すれば褒められる。彼らの考えが全くわからない。 ［推論］彼らは、俺を食おうと思っている。

狂人は、悪人ではない。しかし、善人でも少しけなせば人に圏点をつけるし、悪人を少し弁護すれば褒めてくれると兄はい

う。これは、入力の僅かな違いが全く異なる出力につながる一例である（例、7）。兄弟は、一般的に性質が近い。しかし、狂人が歴史書の中に食人の二文字を発見したとき、すでに狂気は覚醒に向かっている（例、8）。そのため、この場面以降、二人の入力のわずかな違いが初期値敏感性につながっていく。

　狂人の言動には幻聴も認められる。例えば、空笑や他人の発言または夢の中の出来事などがそれに当たる（例、9、10、14、15）。

脳の活動③

表5　幻聴の認知プロセス

認知能力の プロセス	要素の抽出例
①知覚と注意	［知覚］兄が医者を連れて来た。 ［注意］肥満度
②学習と記憶	［外部からの情報］静養すれば、良くなるという。 ［スキーマ］静養 ［既存の知識］静養したら肥る。 ［学習］それだけ多く食える。笑止千万だ（空笑）。
③計画と推論	［計画］食人を改心させる。まず兄から始めよう。 ［問題分析］夢の中で人食いが一人の男に正しいかどうかを尋ねた。あるかもしれない。昔からそうだったからといわれる。 ［問題解決］こうした考えを捨てたら、どんなに気楽だろう。 ［推論］彼らは、互いに励ましあい、牽制しあい、死んでもこの一線を越えようとはしない。

　また表5は、兄が食人であるという証拠を推論の土台にしている（例、11）。

　道行く人も子供たちも、食おうとしながら、食われるのを恐れている。疑心暗鬼の目で互いに疑っている。この症状は、自分と他者との境界が崩れて自我の境界が曖昧になり、自分の秘密が筒抜けで、自分の考えが周囲に広まっていると感じる自我

障害である（例、16、17）。

脳の活動④

表6　自我障害の認知プロセス

認知能力の プロセス	要素の抽出例
①知覚と注意	［知覚］自分でも食おうとしながら、人に食われるのを恐れている。 ［注意］疑心暗鬼の目。
②学習と記憶	［外部からの情報］道行く人も子供たちも食おうとする。 ［スキーマ］食人 ［既存の知識］食われるのを恐れている。 ［学習］疑心暗鬼の目で互いに疑っている。
③計画と推論	［計画］食人を改心させる。 ［問題分析］これは一つの門にすぎない。皆で一味になり励ましあい牽制し合い、死んでも門を越えようとはしない。 ［問題解決］一歩向きを変えれば、皆が太平になる。いけないといえばいい。 ［推論］彼らは、改めずにちゃんと仕組んでいる。気違いを俺におっかぶせる。彼らの常套手段。

　統合失調症の患者は、何かとストレスを感じて、言動にまとまりを欠く解体症状を引き起こす。ここでは21の場面がそれに当たる。部屋に戻ると、真っ暗で梁や椽が頭上で大きく揺れ出し、体にのしかかってきた。狂人を殺そうとしている。しかし、すぐにその重さが偽物とわかり、狂人は、もがいて抜け出した（例、22）。

脳の活動⑤

表7　思考障害の認知プロセス

認知能力の プロセス	要素の抽出例
①知覚と注意	［知覚］部屋の中は真っ暗で、梁や椽が頭上で揺れ出し、体にのしかかってきた。 ［注意］圧力
②学習と記憶	［外部からの情報］重くて身動きできない。 ［スキーマ］殺害 ［既存の知識］自殺 ［学習］もがいて抜け出した。全身が汗まみれ。
③計画と推論	［計画］食人を改心させる。 ［問題分析］人を食わなくなって、本当の人間になった者もいれば、ある者は、やはり食っていた。彼らは、俺を食おうとしている。 ［問題解決］一歩向きを変えれば、皆が太平になる。いけないといえばいい。 ［推論］おまえたち、心の底から改めよ。食人は、この世で生きていけなくなることを知るがよい。

　兄弟で妹に対する思いは近い。当初は入出力が近かったはずである。しかし、狂人の二度目の覚醒のころには、兄にいわせると食われるのが当たり前になり、二人の出力に差が生じている（例、23）。

　狂人の狂気は、益々覚醒に向かっていく。確かに解体症状の中にも自由奔放な思考とか論理の展開がみられる。しかし、健全な人たちとの共通感覚がないために、彼らと対話する条件が見あたらない。狂人の思考は、当時の中国社会に潜んでいた根源的な恐怖に向かっているためである。（大石1996）礼教食人といえども、子供のうちなら人を食べたことがないものもいる。そこで、次世代以降の人民への警鐘が鳴らされる（例、25、26）。

脳の活動⑥

表8　思考障害の認知プロセス

認知能力の プロセス	要素の抽出例
①知覚と注意	［知覚］母の泣き方。 ［注意］比較
②学習と記憶	［外部からの情報］五歳になった可愛い妹が兄に食われた。 ［スキーマ］父母が病気の時、自分の肉を食べてもらうことが恩返しになる。 ［既存の知識］父母への恩返しは人徳。 ［学習］しかし、あの日の泣き方は、本当に胸が痛くなった。
③計画と推論	［計画］食人を改心させる（説得）。 ［問題分析］俺には四千年の食人の履歴がある。もうわかる。本当の人間にはめったに会えない。 ［問題解決］子供を救え。 ［推論］人を食べたことがない子供ならいるかもしれない。

　全体的にみると、狂人の話の筋道はこうだ。怪しげでゾッとするような目つきをして睨み、俺のことを食おうとしているならば、食人である。しかし、一線（門）を越えれば、本当の人間になれる。食人でいる間は、自分の子供にも礼教食人を教えるために、次世代でもまた食人が生まれてしまう。

3　まとめ

　トーマス・マンとファジィと同様に、シナジーのメタファーを求めて魯迅の「狂人日記」を認知言語学の手法に基づき分析した。単純な認知プロセスを通した食人と狂人の言動から非線形性と非決定論というカオスの特徴を導き、魯迅とカオスというシナジーのメタファーを作成した。

　補説1にもあるように、購読脳と執筆脳から奥軸に脳科学を取

る3Dの箱をイメージした文学分析は、トーマス・マンの「魔の山」で文学と論理計算を調節し、魯迅の「狂人日記」では認知言語学の分析方法を取り入れた。さらに比較言語学や統計を踏まえて図表やデータベースを作りながら、ことばで詳述するだけではなく、実験を交えた文学の分析方法についても検討していく。

注釈
1 食人についてもいくつかの見方がある。例えば、シンボル説では食人が人肉食ではなく、封建社会における人間性破壊の象徴であり、歴史説では中国の歴史の中で食人行為があったという見方を取る。また、現実説は、食人行為が歴史上のみならず、現在も続いているという見方である。（大石1996）
　ここでは、最後の現実説に寄せていく。人を食べて自分を調節している人間は実在するからである。こうした人間が一線を越えて真の人間になるための振舞いは、無秩序で予測がつかない。生涯一線を越えずに食人を続けるものもいる。

参考文献

大石智良　狂気と覚醒及び食人について－魯迅「狂人日記」
　　覚え書き　法政大学レポジトリ　1996.
大堀壽夫　認知言語学　東京大学出版会　2002.
岡田尊司　統合失調症－その新たなる真実　PHP新書　2011.
片山智行　魯迅－阿Q中国の革命　中公新書　2007.
津田一郎　ダイナミックな脳－カオス的解釈　岩波書店　2002.
花村嘉英　計算文学入門－Thomas Mannのイロニーはファジィ
　　推論といえるのか？　新風舎　2005.
花村嘉英　从认知语言学的角度浅析鲁迅作品－魯迅をシナジー
　　で読む　華東理工大学出版社　2015.
花村嘉英　日语教育计划书－面向中国人的日语教学法与森鸥外
　　小说的数据库应用　日本語教育のためのプログラム－中国語

話者向けの教授法から森鴎外のデータベースまで　南京
　　東南大学出版社　2017.

花村嘉英　从认知语言学的角度浅析纳丁・戈迪默　ナディン・
　　ゴーディマと意欲　華東理工大学出版社　2018.

花村嘉英　計算文学入門（改訂版）－シナジーのメタファーの
　　原点を探る　ブイツーソリューション　2022.

花村嘉英　小説をシナジーで読む－魯迅から莫言へ　シナジー
　　のメタファーのために　ブイツーソリューション　2023.

魯迅　魯迅简约文集　民族出版社　2002.

魯迅　阿Q正伝/藤野先生(駒田信二訳)　講談社文芸文庫　1998.

第2章

ナディン・ゴーディマの
The Late Bourgeois World で適応障害を考える

1　ゴーディマの意欲

　1950年代の南部アフリカは、反アパルトヘイト運動が崩壊状態にあった。しかし、ナディン・ゴーディマ（1923－2014）は、世の中の流れと逆流している自国の現状に危機感を抱き、どこかで反アパルトヘイト運動に関わりたいという意欲を持っていた。こうしたゴーディマの執筆脳は、この革命が南アフリカの将来を見据えたリスク回避であることを想起させる。

　無論、白人リベラリズムが全盛のときに、何を訴えても焼け石に水である。2024年の今だからこそ、当時の改革案は正当化される。何とかしようという意欲はあっても、外部からの規制により大抵は気持ちが空回りしてしまう。空回りした気持ちは、空間と時間という組み合わせでしか表すことができない。

　しかし、メディカル表現がそれを補足する。補足というよりも、意欲は、一般的に前頭葉の前頭前野皮質が管理し、それとリンクする適応能力は、脳全体の機能により説明される。ゴーディマがいう無限を表すための組み合わせ空間と時間にまつわる適応能力を考察するには、前頭前野皮質だけの働きではなく、脳が司る身体全体の働きを考察の対象にするとよい。

　この小説で取り上げるゴーディマの小説は、主人公が過ごした一日を問題にしており、パートナーのマックスの自殺が鍵を握る。自殺するまでには、何かのストレス障害が発生していると考えられる。例えば、意欲があっても政治や法律により拘束され、社会への適応が阻害されることもある。ネルソン・マンデラ（1918－2013）も27年間牢獄に監禁されていた。

60

2　人間の精神活動

　人間の精神的な活動とは、心の表出と言われる言語、記憶、感情、思考、意欲、判断、知能（適応能力）などのことである。これらの活動は、一般的に脳によって生み出されている。

　脳を部位ごとに見てみると、前頭葉の前頭前野皮質は、人の脳の活動でも特に、意志、計画、意欲、感情を管理し、前頭葉の上部では運動を、側頭葉の近くでは言語の発音を処理している。片野（2017）によると、頭頂葉は、感覚情報を統合し、前頭葉との境界に体性感覚が走っていて、触覚、痛覚などの皮膚の感覚、内臓の痛覚などを調節する。また、側頭葉との境界に味覚の機能があり、後頭葉は、視覚の情報を処理している。

表1　大脳皮質の役割分担

区分	役割
前頭葉・前頭連合野	思考、意志、計画、意欲、感情、判断、自己抑制。
前頭葉・運動連合野	運動の開始や手順を計画する。また、運動野は、この連合野の指示に基づき指令を出す。
体性感覚野	触覚、痛覚、深部感覚などの受け取り。
頭頂連合野	判断、理解、感覚情報を統合する。
側頭葉・聴覚野	聴覚情報を受け取る。
側頭連合野	知識、記憶、言語の理解。
視覚連合野	視覚情報の判断、認識。
視覚野	視覚情報を受け取る。
ブローカー野	言語の表出　書く、話す。
ウェルニケ野	言語の理解　読む、聴く。

片野（2017）より

　当初から言語や記憶には関心があり、魯迅の「阿Q正伝」（1922）を題材にして側頭葉にある海馬について考察したことがある。（花村2015）

　言語の一例を見てみよう。魯迅の文体は、従容不迫（落ち着

き払って慌てないという意味）で、持ち場は短編である。「阿Q
正伝」に対する解析は、記憶と馬虎（詐欺をも含む人間的ない
い加減さ）とし、これを記憶とカオスという生成イメージに近
づけていく。すると馬虎という無秩序状態にある人々の予測不
可能な振舞い（非線形性）及び刑場に向かう阿Qと荷車運搬人
の近似入力が全く異質の出力になる様子（初期値敏感性）が見
えてくる。

　記憶を司る部位として海馬は、側頭葉を覆う大脳皮質のすぐ
裏側にあり、ニューロンの集まりでその断面にはS字に似た筋
があり、そこに細胞が沢山詰まっている。片野（2017）による
と、ニューロンのシステムでは、脳の全ての部位で一つ前のシ
ナプスから受容体が神経伝達物質を受け取り、電気信号に形を
変えて、先端のシナプスから次のニューロンへ信号が伝わる。
もちろん、側頭葉には聴覚の機能もあるという。

　感情には、本能のことをいう情動と人間特有の感情といえる
畏敬があり、時間的な見方をすれば、情動は瞬間的な思いであ
り、畏敬は継続的な思いになる。また、感情には、喜怒哀楽の
ようにどちらにも入るものがある。情動の起因には、内的要因
（創発）と外的要因（誘発）による反応があげられる。花村
（2017）では、鴎外の歴史小説にも内的要因と外的要因による思
考があり、誘発が主の小説として「山椒大夫」(1915) を分析し
ている。また、合わせてデータベースも作成し、鴎外の執筆脳
を感情と行動にして鴎外と感情というシナジーのメタファーに
ついて考えた。

　思考とは、問題や課題が与えられたときに生じる一連の精神
活動の流れのことであり、周囲の状況に応じた現実的な判断や
結論を導いてくれる。花村（2015）では、意識と無意識そして
思考といった精神活動を調べながら、魯迅の「狂人日記」(1918)
や「阿Q正伝」(1922) を考察し、その結果、魯迅とカオスとい
うシナジーのメタファーを作成した。

　意欲は、人が何かの行動を起こすとき、欲求や衝動、願望な
どが行動の動機づけとなって、意味や目的を持って行動しよう

とする意志の働きである。この行動を制御する意志と欲求を合わせて意欲といい、物事を積極的に行おうとする精神作用を指す。食欲、性欲、睡眠などがその例である。

判断は、物事の真偽、善悪、美醜などを考え決めることであり、知能は、人間が環境に適応していく能力を表し、理解、思考、判断などの総合的な能力のことをいう。知能の障害は、精神の遅延や認知症などでみられる。（日本成人病予防協会2014）

この小論では、特に、意欲と適応能力に焦点を当てて、ゴーディマの執筆脳について考察していく。ゴーディマが The Late Bourgeois World（1966）を書いた1960年代の南アフリカは、厳しい弾圧の時代であり、いくら適用能力があっても政治や法律によりそれを発揮できなかった。従って、気持ちの面では意欲が強くなり、それに伴う意志の働きも含めた前頭前野皮質の活動が論点になる。

前頭連合野は、側頭葉、頭頂葉、後頭葉などの連合野から記憶の情報を統合して適した行動を生み出すため、考察の対象になる。そこには、IQ（知能指数）やEQ（心の知能指数）そしてPQ（前頭葉の知能指数）のような指数を測る概念もある。

3　文学分析のためのミクロとマクロ

ヘンドリック・フルウールト（1901 – 1966）首相の在任時（1958 – 1966）は、アパルトヘイト全盛の時代で、政治や法律によって南アフリカ国民が強く拘束されていた。そのため、意欲や計画があっても挫折や頓挫は日常のことで、状況を打開するまでには至らない。

アフリカ民族会議や過激派のパンアフリカ会議と並ぶ白人による反アパルトヘイト運動、アフリカ抵抗運動も、その当時、何かと遅延行為を繰り返した。1964年7月の全国一斉捜査で活動家が逮捕され、その中にはアフリカ抵抗運動のリーダーもいた。福島（1994）によると、押収された文書や供述からアフリカ抵抗運動の活動であることが判明し、活動家らに禁錮10年前

後の判決が出た。マックスは、転職を繰り返しながら、こうした白人のサボタージュ運動に初期の段階から参加していた。結局、死を選ぶため、社会に適応する能力がなかったことになる。

生活上の大きな変化やストレスが原因になる適応障害は、個人にとって重大な出来事、例えば、就学、就職、独立、転職、失業、結婚、離婚、転居、重病、死別などが症状に先んじて原因となる。本人の性格や考え方の癖、また、ストレスの感じ方も大きな影響を及ぼす。日本成人病予防協会（2014）によると、一般的に誰でもつらい出来事や思いどおりにならないこととか社会生活上のストレスにより、不安やイライラが強くなったり、憂うつになったり、ときには投げ出したくなったりもする。しかし、適応障害の場合、ストレスに対する反応が強く現れ、精神的にも身体的にも特有の症状がみられる。

表2　適応障害の症状

適応障害	症状	悪化した場合
精神症状	憂うつな気分や不安感が強くなるため、涙もろくなったり、過剰に心配したり、神経が過敏になったりする。 　ほかに気分の落ち込み、集中力の低下、自信の欠如、意欲の低下、対処能力の低下などがみられる。 　また、無断欠席や無謀な運転、喧嘩、物を壊すなどの行動面の症状がみられることもある。	会社では職場不適応、学校では不登校、家庭では別居や離婚といった形に変わり、ひどくなると酒やギャンブルの中毒に陥ることもある。 　ストレスとなる状況や出来事がはっきりしているため、その原因から離れると、症状は次第に改善する。 　ストレスの原因となっている環境から離れられない場合には、症状が慢性化することもある。
身体症状	不安が強く、緊張が高まると、ドキドキしたり、汗をかいたり、めまいなどの症状がみられる。ほかにも倦怠感、頭痛、腰痛、焦燥感、神経過敏、怒り、不眠、起床困難、食欲不振、下痢などがみられる。	

日本成人病予防協会（2014）より

どうにもならない無限の状態を表す空間と時間は、意欲を介して適応能力となり、理解、思考、判断などの総合的な能力が、南アフリカの将来を見据えたゴーディマのリスク回避につながっていく。作家もエキスパートであり、小説執筆時には特定の脳の活動があるためである。なお、一般的に空間は、右脳が処理し、時間は、感覚的にも論理的にもイメージできるため、左右の脳が関係する。

Lのストーリー
◆　縦に受容　言語文学（ゴーディマ）→言語の認知→空間と時間（無限）
◆　横の共生　空間と時間→情報の認知→意欲と知能（リスク回避と適応能力）

　社会系や理系と同様に、文学の分析にもミクロとマクロの研究を想定している。ミクロは、対照言語の専門分野が研究の対象となり、マクロは、一つが地球規模、また一つが研究のフォーマットのシフトになる。人文であれば、国地域の比較（東西南北）と縦2本からLのフォーマットへのシフトが評価の項目になる。フォーマットのシフトとは、縦二本の二本目を倒して、縦に言語の認知、横に情報の認知を取るLのフォーマットへ移行することであり、購読脳（受容）と執筆脳（共生）の活動を考察の対象にする。（補説1と補説2を参照すること。）
　筆者は、これまで文学作品をランダムに比較しながら研究し、その際、作家をある種のエキスパートと見なして、小説にみるリスク回避という内容で論文を作成している。一般的に作家は、エキスパートとしてしばしば警鐘を鳴らすことがある。例えば、魯迅は、作家として中国人民を馬虎という精神的な病から救済するために小説を書き、鴎外は、明治天皇や乃木大将が亡くなってから、後世に普遍性を残すために歴史小説を書いた。また、トーマス・マンは、20世紀の最初の四半世紀にドイツの発展が止まることを危惧して論文や小説を書いている。

4 ゴーディマのメディカル用語

　医学の分野には、世界中でし烈な競争が繰り広げられている細胞レベルのミクロの研究と身体全体に通じる外部環境も含めた体内時計のようなマクロの研究がある。システム系も、ミクロは、電子レベルの研究であり、マクロは、地球規模の環境問題や交通とか震災システムのような研究である。経済でも、ある企業と日本全体の問題とか日本と世界の国地域からなるミクロとマクロの研究がある。

　いずれもミクロの研究は、個人やグループのアイデアが評価の対象となり、マクロは、それに基づいたグローバルな分析から結論を導いていく。こうしたミクロとマクロの発想や調節を人文科学、特に文学分析にも適用していきたい。例えば、Lの分析の比較を国地域を変えながら試みる。そうすると、小説のデータベース同士を分析して危機管理者としての目安を想定することができる。個人が個人の研究をすればよいのでは、文系脳で頭打ちとなり、20世紀型で時代遅れも甚だしい。

　データベースの中でも特に注目する点は、問題解決の場面である。問題未解決の場面に比べて、作家の執筆脳は、強く働いている。例えば、どうにもならない精神状態を説明するとき、ゴーディマは、問題解決のためにメディカル表現を用いる。以下に、小説の中で使われている主なメディカル表現を抽出し、その場面を紹介する。

　その際、必要に応じて用語の説明をする。説明は、広辞苑による。Pは、*The Late Bourgeois World* の原文のページである。

◆　He died, Bobo. They sent me a telegram this morning. It'll be in the papers, so I must tell you — he killed himself. (P.15)

　　彼、死んだのよ、ボボ。向こうから、今朝電報が来たの。新聞にも出ると思うわ。それでね、あなたに話しておかなくちゃと思ったの一自分で死んだのよ。

［用語解説］　自ら自分の生命を絶つとは自殺のこと。（広辞苑）

◆ I was excited with hatred of herself — pity. The very smell of her stank in my nostrils. Oh we bathed and perfumed and depilated white ladies, in whose wombs the sanctity of the white race is entombed! (P.25)

　自分自身をいたわろうとする彼女に対して、私は興奮するほどの憎悪を感じていた。まさしく、彼女そのものの匂いが、私の鼻腔をついた。私どもは、風呂に入って清潔にし、香水をふりかけ、むだ毛をきれいに取り除いた、白人の淑女なんですもの、それに私どもの子宮の中には、白人の尊厳が立派に埋葬されておりますのよ。

［用語解説］鼻腔は、顔面の中央、鼻の側面、頭蓋の前後にある空洞。前方は、外鼻腔によって外界に通じ、後方は、後鼻腔によって咽頭に通じている。子宮は、人や哺乳類の体内で胎児を育てるところ。

◆ I don't know whether they ever knew that he was a member of a Communist cell, probably not. (P.25)

　マックスがコミュニストの細胞に属していたことを彼らが知っていたかどうか、私は知らない。

［用語解説］細胞とは、生物体を組成する構造的、機能的単位。分裂によって増殖する。細胞の核以外の部分を細胞質と呼び、各種の細胞小器官や顆粒を含む。

◆ I suppose that was why she was inclined to take with sophisticated tolerance, unlike my own parents, the fact that I got myself pregnant at eighteen. (P.26)

　私が18歳で妊娠したとき、私の両親とは違って、彼女はそのことを洗練された寛容さで受けとめたのであろう。

［用語解説］妊娠は、女子が体内に受精卵またはそれが発育した胎児を包容している状態。正常器官、即ち受精から分娩までの期間は、最終月経から数えて約280日。

◆ Don't stay inside and let your arteries harden, like theirs... I'm not talking about the sort of thing some of them have, those who have had their thrombosis, I don't mean veins gone furry through sitting around in places like this fine club and having more than enough to eat. (P.31)

いいかい、この中でじっとしたまま、彼らみたいに血管を硬化させちゃだめなんだよ。…僕が話しているのは、彼らの何人かが患っている病気のことじゃないんだ。血栓を患った人は何人かいるだろうけどね。この居心地のいいクラブで寛いで、必要以上の食べ物を食べていれば、血管だってボロボロになっていくさ。

［用語解説］血栓とは、血管内にできた血のかたまり、動脈がほろほろになる。

◆ What I'm asking you to look out for is — is moral sclerosis. Moral sclerosis. Hardening of the heart, narrowing of the mind; while the dividends go up. (P.31)

僕が君たちに用心するようにお願いしたいのは—それは、精神的な動脈硬化なんだ。わかるかい、心の動脈硬化だよ。確かに、心を頑なにして、精神を狭めていれば、黙ってたって配当金は上っていく。

［用語解説］動脈硬化とは、老化とともに、動脈内にLDL（悪玉コレステロール）がたまり、内腔が狭くなっていき、動脈が弾力性を失った状態をいう。そこから精神的な動脈硬化を引き出している。

◆ It sets in pretty quick. More widespread than bilharzia in the rivers, and a damned sight harder to cure. (P.31)

この病気は、あっという間に感染するぞ。それに、川の中の住血吸虫よりも広く分布してるんだ。そして、その病気にかかってしまうと、見るも無惨な姿になるのさ。住血吸虫よりも治療が困難だ。

［用語解説］住血吸虫とは、吸虫類の扁形動物の総称。雄雌異体。体長は、約1.5センチから2センチ、外見は細長い。前端に口吸盤があり、人畜の静脈、門脈系内に寄生して血液を吸う。

◆ It's a hundred per cent endemic in places like this Donnybrook Country and Sporting Club, and in all the suburbs you're likely to choose from to live in. (P.31)

　この病気に関していえば、このドニーブルック・カントリー安楽倶楽部のようなところは、100パーセント汚染地区なんだ。それから、君たちが住もうとしている郊外の白人地区は、すべてそうだ。
［用語解説］感染地区とは、細菌、有毒物質、放射性物質などにより汚れた地域のこと。

◆ He had a wife once; she was a girl he'd gone with since they were school children, and she died of meningitis when she was younger than I am now. (P.36)

　彼にはかつて妻がいた。二人は、小学校時代からよく一緒に遊んだ幼友たちだった。髄膜炎で亡くなったのだけれど、そのとき彼女の年齢は、今の私よりも若い。
［用語解説］脳脊髄膜炎と同じ。一般に発熱し、脳脊髄液の圧力上昇のため、激しい頭痛、嘔吐、頸部強直の圧力上昇などが現れる。流行性のものは法定伝染病で、髄膜炎双球菌によって起こり、治療後も神経障害を残すことが多い。

◆ Bobo and I went down for two weeks at Christmas and every day the three of us walked along the cliff road above the sea, where the polyps of seaweed reach up from far down in the water. (P.53)

　ボボと私は、クリスマス休暇の二週間、彼を訪ね、私たち三人は、海を見下ろす断崖の道を毎日散歩した。海面には、ポリープのような海藻が、はるか水中深くから伸び上がるように姿を見せている。

[用語解説] ポリープは、皮膚、粘膜などの面から突出し、茎を持つ卵球形の腫瘍。慢性炎症から生じるものと、良性腫瘍性のものとがあり、鼻腔（鼻茸）、胃腸、子宮、膀胱などにできやすい。

◆　Among the very small white-haired old ladies, the dying diabetic, taking so long to die, was still there, humped on her side, smoking. She has the reckless drinker's face that diabetics sometimes have, and looks as if she had once been good-looking — like a finished whore. (P.57)

ひどく小柄な白髪の老婦人たちの中に、死にかけているその糖尿病患者がいた。死ぬのにたっぷりと時間をかけている。彼女は、糖尿病によくあるあの落ち着きのないアル中患者のような顔をしているが、かつては美しかったようだ─娼婦のなれの果て。

[用語解説] 糖尿病になると、膵臓から分泌されるインスリンが少なくなって、血糖値が下がらなくなり、血管や神経、腎臓や目など、全身の組織に障害が出る。

◆　Angina attacks. (P.58)

狭心症の発作

[用語解説] 狭心症とは、心臓の血管が狭くなって心臓が酸欠状態になり、胸の痛みや圧迫感が出る。

◆　"Something with the balance. The doctor can't find out. As a matter of fact, Reba said to ask you." "I'm not a doctor... it sounds like middle ear." (P.76)

「どうも平衡感覚が問題みたいでね。医者も原因はわからずさ。いやね、実をいうと君に訊いてみてくれって、レバに頼まれたんだよ。」「そうね、私は医者じゃないけど…中耳みたいだわね。」

[用語解説] 平衡感覚は、内耳にある前庭嚢と三半規管が司

る。中耳は、聴覚器官の一部で、内部に3個の耳小骨（ツチ、キヌタ、アブミ）が連なり、鼓膜の振動を内耳に伝える。

◆　　That's what's up there, behind the horsing around and the dehydrated hamburgers and the televised blood tests. If it's the moon, that's why... that's why... (P.93)

　それが、あの上で本当に起こっていることだ。ふざけたり、乾燥させたハンバーガーを食べたり、血液検査をテレビカメラに撮ったりしているその背後で。もし月だったらそうはいかないだろう。だからだ…だから宇宙なのだ。
［用語解説］血液検査は、健康診断の基本項目である。ガンの腫瘍マーカー、エイズ、アレルギー反応、貧血、動脈硬化、心疾患、脳血管疾患などがわかる。

5　ゴーディマの執筆脳

　「2　人間の精神活動」の中でも説明したように、意欲とは、人が何かの行動を起こすとき、欲求や衝動、願望などが動機づけとなって、意味や目的を持って行動しようとする意志の働きである。*The Late Bourgeois World* を書きながら、ゴーディマは、反アパルトヘイト運動が成立しない白人社会の終焉のために、白人が南アフリカの変革にどのように関与できるのか、問いかけていた。しかし、意欲を持って計画しても、欲求が満たされないことがある。意欲、計画、欲求に関する脳の作用は、主に前頭葉が担っているため、前頭葉のあらましについて以下で説明する。

　前頭葉は、頭頂葉や側頭葉さらには後頭葉といった他の連合野と相互関係にあり、聴覚、体性感覚、視覚との結びつきがある。また、本能を司る視床下部とか情動や動機づけに対して判断を下す扁桃体との結びつきが強い。（Goldberg 2007）

　前頭葉には、意志、計画、意欲、感情、言語の発音、運動の統合などの働きがある。また、思考や推測などの学習能力は、

前頭連合野が支えており、五感から入った情報は、最終的に前頭連合野に送られて、何をするべきかが判断される。

5.1　前頭連合野とやる気

　前頭連合野は、思考や推測などの学習能力を支えるとともに、人間らしく振舞うように指令を出す。学習能力を向上させるには、動機づけや学習意欲を保ちつつ、やる気を引き起こすことが大切である。このやる気の調節に前頭葉が関与している。

　学習能力は、神経伝達物質ドーパミンの分泌を高めることにより向上する。喜びや達成感、褒められたり愛されたりしたときの精神的な報酬が大脳辺縁系にある側座核を刺激することにより、ドーパミンの分泌が高まる。片野（2017）によると、ドーパミンは、脳幹の中脳にある黒質緻密部と腹側被蓋野という神経核から分泌され、視床下部や大脳皮質など脳全体に届けられる。黒質緻密部は、運動の調節と関わりがある。適度な運動をすると気分が爽快になり頑張ろうと思うのは、運動によりドーパミンが高まるからである。

　ドーパミンは、目標を立てたときと目標を達成したときに分泌が高まる。*The Late Bourgeois World* の中でみると、当時の南アフリカで男を望むとしたら、グレアムが良い。語り手の私は、18歳で結婚して子供を作り、その後マックスと離婚した。マックスが刑務所にいたとき、嘆願書を提出する手助けをしてくれたのがグレアムだからである。

　彼の妻は、髄膜炎で亡くなった。彼は、政治告発されている人たちを弁護しており、身に降りかかるものがあっても怯むことなく活動している。ヨーロッパの黒い森に行って二人で楽しく過ごしたこともあり、結婚を望めばそうなったであろう。グレアムは、諦めず、やり遂げて、約束を守る。磁石に吸い寄せられるように引き付けられることに気がつく、そういう関係である。

　目標の設定は、適度に難しく、頑張れば達成できるぐらいがよい。自分の部屋で目標を文字にして目視できるようにすると、ドーパミンの補給にもなる。頑張って目標に到達したら、自分で

あれ家族や仕事仲間であれ褒めてあげると、次の目標に向けて
また頑張ろうという気持ちになる。それが学習能力向上のサイ
クルとなる。例えば、学習目標設定→ドーパミン分泌→モチベ
ーションUP→勉強する→学習目標達成→ドーパミン分泌→次
の目標のためにモチベーションUP→学習目標設定。（片野2017）

　*The Late Bourgeois World*でみると、マックスの死が重要な鍵
を握っている。マックスは、大学をやめて仕事についた。しか
し、長続きせず、大学時代に共産党のメンバーだったことから
民主主義者会議に入り、アフリカ人の政治運動家と直接協力し
ながら活動した。その後、ンガマンドラというアフリカ社会
主義運動のグループの師匠格となり、黒人の民衆に近づいていく。
アフリカ社会主義の方法論の原稿は、押収されなかった。離婚
後、私の前から姿を消してはまた現れ、革命グループと地下で
付き合いがあるという噂も聞かされた。しかし、マックスは、
まんまと死ぬことに成功した。

5.2　前頭葉と作業記憶

　前頭葉は、刻々と変化する決定、選択、切り替えのプロセス
を経て記憶を制御している。この種の記憶は、作業記憶と呼ば
れていて、特に、思い出すという行為は、この作業記憶と前頭
葉との関係である。前頭葉は、どの情報がどこに蓄えられてい
るのかを知っており、情報の貯蔵場所を突き止めると、脳のそ
の部分に連絡をとって、該当する記憶（記憶痕跡）を含んだ回
路を活性化するため、当の記憶を思い出すことができる。
Goldberg（2007）によると、作業記憶は、優先事項に基づいた
適応型の意思決定と関係がある。一方、真実、つまり唯一の答
えを探す決定論型の意思決定がある。

　ゴーディマとマックスの意欲は、反アパルトヘイトに対する
適応型の意思決定であるため、この小論ではそこに解決策を求
めていく。適応型の意思決定では、状況依存型と状況独立型の
バランスがうまく取れると良いが、大体にしてそうはいかない。
集団で見た場合、女性は状況独立型を、男性は状況依存形を好

む。また、変化の少ない状況では、独立型の方が懸命であり、不安定な状況であれば、依存型の方が良い。

　前頭葉には先天的に男女の違いがあり、右前頭葉が左よりも突き出ているのは男性で、女性はそれほどでもない。状況依存型の意思決定は、男性の場合、左前頭前野皮質が活動し、女性の場合、左右両側の後部皮質（頭頂葉）が特に活動している。また、状況独立型の意思決定は、男性の場合、右前頭前野皮質が活動し、女性の場合、左右両側の前頭前野皮質が活動する。

　男性と女性の大脳皮質の機能的なパターンの相違として、男性の脳では左右の違いが女性よりも明白であり、女性の脳では前部と後部の違いが男性よりも著しい。言語情報を処理する場合、男性は、左半球の前部と後部がともに活動するのに対し、女性は、左右の大脳半球の前頭葉がともに活動している。（Goldberg 2007）

表3　前頭葉の性差（改訂版）

比較項目	男性	女性
適応型の意思決定	状況依存型を好む。	状況独立型を好む。
状況依存型の意思決定	左前頭前野皮質が活動する。	左右両側の後部皮質（頭頂葉）が活動する。
状況独立型の意思決定	右前頭前野皮質が活動する。	左右両側の前頭前野皮質が活動する。
大脳皮質の機能的パターン	左右の脳の違いが著しい。	前部と後部の脳の違いが顕著。
言語情報の処理	左半球の前部と後部がともに活動する。	左右の大脳半球の前頭葉がともに活動する。
前頭葉機能障害	かかりやすい。	かかりにくい。
脳内の結合部	片側の大脳半球の前後をつなぐ白質繊維束が大きく、片側の大脳半球の前後の機能的統合が顕著で、機能的分化は小さい。	左右の大脳をつなぐ脳梁の部分が太くて、大脳半球間の機能的統合が顕著で、機能的分化は小さい。

Goldberg（2007）より

　The Late Bourgeois World は、特定の一日という独立した状況でマックスの作業記憶を手繰りながら、当時の南アフリカの革

命に関わる白人としての意欲を描いているため、女性であるゴーディマの執筆時の脳の活動は、左右両方の前頭前野皮質が活動していたと想定できる。

5.3 前頭葉と道徳の発達

側頭葉は、言語の発達に関わり、後頭葉は、視覚の発達に関わっている。それでは、前頭葉は、何の発達に関わっているのであろうか。それは、道徳の発達だといわれている。前頭葉は、18歳位で発達がピークとなり、神経経路が有髄化される。髄鞘の完成は、脳の成熟度の目安であり、脳の様々な部分とつながっている長い経路の軸索は、エミリンという白い脂質組織に覆われている。

このエミリンが神経の信号伝達速度を上げるため、脳の各領域間の伝達は、早くて確実になる。前頭葉は、他の様々な脳領域の活動を調整しており、長距離の伝達はとりわけ重要である。18歳位になると、前頭葉と遠く離れた脳領域をつなぐ経路が完全に有髄化されて、前頭葉は、様々な役割を完璧に果たすことができるようになる。（Goldberg 2007）

語り手の白人女性は、18歳のときに妊娠し、マックスと結婚して子供を産む。マックスの父は、統一党の代議士であり、体面を重んじるファン・デン・サント家のしきたりに彼女は合わない。しかし、マックスも結婚して、妻と自分の赤ん坊を授かり、儀式や忠誠がわかる大人になったため、妹のクイーニーと花婿アランのために乾杯の音頭をうまくとる。

細くて背丈は中位で手首が太くブルーで小さな目をしたマックスは、母方に似ていた。クイーニーも美しい。結婚式のスピーチの冒頭では、新郎新婦の幸せと二人の努力を心から祈る。ここでも前頭葉の活動が重要になる。前頭連合野には、困難な状況下で最適な行動を導くための一般知性とともに、社会的、感情的な知性が存在し、これが成功するための鍵になるといわれている。

結婚式のスピーチの中では、人生に役立ちそうなことをいう

ものである。外部者を締め出して、居心地のいいクラブの中で必要以上の物を食べていると血管がボロボロになる。しかし、一方に独善と欺瞞に染まった精神的な心の動脈硬化があり、白人地区はすべてこれに感染していて、しかも治療が難しい。白人地区のやり方で子供を育てると精神的な動脈硬化になるという。マックスのスピーチは、お説教のようでもあり、果たして結婚式でいうべきことなのであろうか。たわいもないように核心をつく。道徳は発達している。

6　データベースの作成方法と分析

　データベースの作成については、補説を参照すること。

　ここでは、分析例として、クイーニーとアランの結婚式でマックスがスピーチする場面を取り上げる。エクセルのデータについては、列の前半が構文や意味の解析データ、後半が理系に寄せる生成のデータである。一応、L（受容と共生）を反映している。データベースの数字は、登場人物を動かしながら考えている。（花村2017）

　こうしたデータベースを作る場合、共生のカラムの設定が難しい。受容は、それぞれの言語ごとに構文と意味を解析し、何かの組を作ればよい。ここでは空間と時間がその例になる。しかし、共生は、作家の知的財産に基づいた脳の活動が問題になるため、作家ごとにカラムが変わる。特に、問題解決の場面で、作家の脳の活動は強くなる。

　ゴーディマの人工知能は、一つが新しい国作りのための意欲というエキスパートシステムであり、また一つが精神的な動脈硬化を防ぐ適応能力というシステムである。

連想分析1

表4　言語の認知（文法と意味）

クイーニーとアランの結婚式でマックスがスピーチをする場面	文法2	意味1	意味2	意味3	意味4
A "...don't let the world begin and end for you with the — how many is it? four hundred? people sitting here in this — the Donnybrook Country and Sporting Club today. These good friends of our parents and Allan's parents, our father's regional chairman and the former ministers of this and that and all the others, I don't know the names but I recognize the faces, allright — who have made us, and made this club, and made this country what it is."	1+5	1+2	4	1	1
B "There's a whole world outside this." "Shut outside. Kept out. Shutting this in... Don't stay inside and let your arteries harden, like theirs... I'm not talking about the sort of thing some of them have, those who have had their thrombosis, I don't mean veins gone furry through sitting around in places like this fine club and having more than enough to eat —"	1+4+5	1+2	4	1	2
C "What I'm asking you to look out for is — is moral sclerosis. Moral sclerosis. Hardening of the heart, narrowing of the mind; while the dividends go up. The thing that makes them distribute free blankets in the location in winter, while refusing to pay wages people could live on. Smugness. Among us, you can't be too young to pick it up. It sets in pretty quick. More widespread than biharzia in the rivers, and a damned sight harder to cure."	1+4	1+2	2	2	2
D There was a murmurous titter. The uncle beside me whispered anxiously, "He's inherited his father's gifts as a speaker." "It's a hundred per cent endemic in places like this Donnybrook Country and Sporting Club, and in all the suburbs your're likely to choose from to live in. Just don't be too sure they're healthy, our nice clean suburbs for white only."	1+2+5	1+2	3	1	2
E " — and your children. If you have babies, Queenie and Allan, don't worry too much about who kisses them — it's what they'll tell them later, that infects. It's what being nicely brought up will make of them that you've got to watch out for. Moral sclerosis — yes, that's all I wanted to say, just stay alive and feeling and thinking — and that's all I can say that'll be of any use..."	1+2+3+5	1+2	3+4	1	2

分析例

(1) マックスが妹のクイーニーとアランの結婚式でスピーチ
をする場面。

(2) 文法2 時制と相、1現在形、2過去形、3未来形、4現在
進行形、5現在完了形、6過去進行形、7過去完了形。

(3) 意味1 1視覚、2聴覚、3嗅覚、4触覚、5味覚。

意味2 1喜、2怒、3哀、4楽。

意味3 課題や問題の1受入または2拒絶。

意味4 振舞い1直示と2隠喩。

テキスト共生の公式

(1) 言語の認知による購読脳の組み合わせを空間と時間
(space and time)にする。地上に広がる無限は、空で空間と
なり、これが時間と双子の表現になる。つまり、空間と時間
は、無限を表すための唯一の表現になる。

(2) 文法2の時制と相には、一応ダイナミズムがある。また、
空間には、ドニーブルック・カントリースポーツクラブが
設定されている。リレーショナルな分析1の各行の空間と時
間を次のように特定する。

A 空間と時間＝妹の結婚式場、時制は、現在形と現在完了形。

B 空間と時間＝妹の結婚式場、時制は、現在形、現在進行
形及び現在完了形。

C 空間と時間＝妹の結婚式場、時制は、現在形と現在進行形。

D 空間と時間＝妹の結婚式場、時制は、現在形、過去形及
び現在完了形。

E 空間と時間＝妹の結婚式場、時制は、現在形、過去形、
未来形及び現在完了形。

結果

上記場面は、空間と時間という無限を表すための条件を満た
している。

連想分析2

表5　情報の認知

クイーニーとアランの結婚式でマックスがスピーチをする場面	情報の認知1	情報の認知2	情報の認知3	人工知能1
表4Aと同文。	2	1	1	1
表4Bと同文。	2	2	2	2
表4Cと同文。	1	2	2	1
表4Dと同文。	2	1+2	2	2
表4Eと同文。	2	2	1	2

分析例

(1)　*The Late Bourgeois World*執筆時のゴーディマの脳の活動を意欲と考えており、その裏には、先にも書いた、南アフリカの白人がアパルトヘイトに対する社会の変革にどのように関与できるのかという問題がある。

(2)　意欲と組になるものを、知能、つまり適応能力にする。意欲とは、意志と欲求からなり、このバランスが悪いと、適応能力は発揮できない。

(3) 情報の認知1（感覚情報）

　　感覚器官からの情報に注目することから、対象の捉え方が問題になる。また、記憶に基づく感情は、扁桃体と関連しているため、条件反射で無意識に素振りに出てしまう。このプロセルのカラムの特徴は、1ベースとプロファイル、2グループ化、3条件反射である。

(4) 情報の認知2（記憶と学習）

　　外部からの情報を既存の知識構造に組み込む。この新しい知識はスキーマと呼ばれ、既存の情報と共通する特徴を持っている。また、未知の情報はカテゴリー化されて、経

験を通した学習につながる。このプロセルのカラムの特徴
は、1旧情報、2新情報である。

(5) 情報の認知3（計画、問題解決）

　　　受け取った情報は、計画を立てるプロセスでも役に立つ。
その際、目的に応じて問題を分析し、解決策を探っていく。
しかし、獲得した情報が完全でない場合は、推論が必要に
なる。このプロセルのカラムの特徴は、1計画から問題解決
へ、2問題未解決から推論へである。

(6) 人工知能1　心の働きのうち、1意欲と2適応能力に注目する。

A　情報の認知1は、2グループ化、情報の認知2は、1旧情報、
　　情報の認知3は、1計画から問題解決へ、人工知能1は、1意欲
　　である。

B　情報の認知1は、2グループ化、情報の認知2は、2新情報、
　　情報の認知3は、2問題未解決から推論へ、人工知能1は、
　　2適応能力である。

C　情報の認知1は、1ベースとプロファイル、情報の認知2 は、
　　2新情報、情報の認知3は、2計画から問題解決へ、人工知能1
　　は、1意欲である。

D　情報の認知1は、2グループ化、情報の認知2は、1旧情報＋
　　2新情報、情報の認知3は、2問題未解決から推論へ、人工知能1
　　は、2適応能力である。

E　情報の認知1は、2グループ化、情報の認知2は、2新情報、
　　情報の認知3は、1計画から問題解決へ、人工知能1は、2適応
　　能力である。

結果

　言語の認知の出力、空間と時間が情報の認知の入力となり、
まず南アフリカの白人たちがその対象になる。次に、彼らが感
染している精神的な動脈硬化が情報の認知で新情報となり、結
局、白人居住区が汚染地区であるため、空間と時間は、新たな
国作りのための意欲と精神的な動脈硬化を予防する適応能力か

らなる執筆脳と相互に作用する。

　上記場面は、妹の結婚式であるため、マックスの脳では、快楽の神経伝達物質ドーパミンが前頭葉で分泌し、間脳を経て脳幹に信号が伝わっている。

　記憶については、Aが長期記憶で、B、C、D、Eは作業記憶になる。つまり、この場面では作業記憶が強いため、ゴーディマの執筆脳は、前頭葉が活発に働いている。

7　まとめ

　受容の読みによる空間と時間という出力は、すぐに共生の読みの入力となる。続けて、データベースの問題解決の場面を考察すると、意欲と適応能力という人間の脳の活動と結びつく。その後、信号のフォーカスは、購読脳の出力のポジションに戻る。前頭葉を中心にして考察したゴーディマと意欲というシナジーのメタファーは、こうしたLの分析を繰り返すことにより作成できることがわかった。

参考文献

片野善男監修　ほすぴ157号　ヘルスケア出版　2017.

日本成人病予防協会監修　健康管理士一般指導員通信講座
　　テキスト　ヘルスケア出版　2014.

花村嘉英　計算文学入門　Thomas Mann のイロニーはファジィ
　　推論といえるのか？　新風舎　2005.

花村嘉英　从认知语言学的角度浅析鲁迅作品－鲁迅をシナジー
　　で読む　華東理工大学出版社　2015.

花村嘉英　日语教育计划书——面向中国人的日语教学法与森鸥
　　外小说的数据库应用　日本語教育のためのプログラム ―
　　中国語話者向けの教授法から森鴎外のデータベースまで
　　東南大学出版社　2017.

Elkhonon Goldberg　脳を支配する前頭葉　沼尻由紀子訳　講談社

2007.

Nadine Gordimer　The Late Bourgeois World　Penguin Books　1966.
（「ブルジョア世界の終わりに」　福島富士男訳　スリーエー
ネットワーク　1994）.

第3章

ツヴァイクの *Angst* とカミュの *L'Étranger* で 不安障害を比較する

はじめに

　文学分析は、通常、読者による購読脳が問題になる。一方、シナジーのメタファーは、作家の執筆脳を研究するためのマクロに通じる分析方法である。基本のパターンは、まず縦が購読脳で横が執筆脳になるLのイメージを作り、次に、各場面をLに読みながらデータベースを作成し、全体を組の集合体にする。そして最後に、双方の脳の活動をマージするために、脳内の信号のパスを探す、若しくは、脳のエリアの機能を探す。これがミクロとマクロの中間にあるメゾのデータとなり、狭義の意味でシナジーのメタファーが作られる。この段階では、副専攻を増やすことが重要である。

　執筆脳は、作者が自身で書いているという事実や作者がメインで伝えようと思っていることに対する定番の読みそしてそれに対する共生の読みと定義する。そのため、この小論では、トーマス・マン（1875 - 1955）、魯迅（1881 - 1936）、森鴎外（1862 - 1922）に関する私の著作を先行研究にする。また、これらの著作の中では、それぞれの作家の執筆脳として文体を取り上げ、とりわけ問題解決の場面を分析の対象にしている。

　さらに、マクロの分析について地球規模とフォーマットのシフトを意識してナディン・ゴーディマ（1923 - 2014）を加えると、*The Late Bourgeois World* 執筆時の脳の活動が意欲と組になることを先行研究に入れておく。

　筆者の持ち場が言語学のため、購読脳の分析の際に、何かしらの言語分析を試みている。例えば、トーマス・マンには構文分析があり、魯迅にはことばの比較がある。そのため、全集の

分析に拘る文学の研究者とは、分析のストーリーに違いがある。言語の研究者であれば、全集の中から一つだけシナジーのメタファーのために小説を選び、その理由を述べればよい。なおLのストーリーについては、人文と理系が交差するため、機械翻訳などで文体の違いを調節するトレーニングが推奨される。

2　シュテファン・ツヴァイクの*Angst*の背景

　洗練された文体とか無意識の解明などが思い浮かぶシュテファン・ツヴァイク（1881 - 1942）は、歴史上の人物の評伝で有名なウィーン人である。彼は、人間を愛し、イデオロギーや硬直したシステム及び傲慢な計画を憎んだ。そして民族と国家間のように人間と人間の間には境界線を引いていた。

　修業時代は、フレマンの詩人エミール・ヴェルハーレン（1855 - 1916）の詩作をドイツ語に翻訳した。同時代の知識人と意見を交わし、仲間の関係を作ることがツヴァイクの特徴になった。1881年古きドナウの君主国に生まれ、その都ウィーンの上流家系に育つ。当時のウィーンの要素には、音楽と劇場のみならず、医学や心理学といった科学の研究も含まれる。このウィーンの両面にツヴァイクの作家としての心理的な第六感が働きかける。その後、文学史を修め、世界の主要都市を旅行する。

　精神の自由な交換を無に帰した第一次世界大戦（1914 - 1918）は、憎悪と権力に対し情熱的に抗ずる詩作を作らせた。第一次世界大戦後、ツヴァイクは、ザルツブルクに移り結婚し、体系的に幅広くライフワークを組み立てる。人生の輝く時代に決定的な瞬間を呼び起こす歴史のミニチュア作りである。

　1934年以降ロンドンに居住し、再婚する。第二次世界大戦（1939 - 1945）の直前に英国の西海岸にある保養地バースに移った。その後、イタリア、ポルトガル、パリそして南北アメリカへと講演旅行に出かけ、長きに渡り世界中に翻訳された作家になっていく。1940年のアメリカへの講演旅行の後、もはや帰る必要がなくなった。自叙伝を作成し、ブラジルを訪れ、60歳の

誕生日を前にして二度目の妻とともに自殺した。

　正当に魂のつり合いを保とうと努力しながら、ツヴァイクは、最後の言葉を書き残す。我々の時代同様非人間の時代に人間的なものを我々のなかで強め、我々が所有する唯一で失われることのないもの、つまり我々の最も内なる自我を放棄しないように警告する人以外誰にも感謝する必要はないと。

3　ストレス反応の経路

　不安と恐怖は、危険を察知して身を守るための防御反応として備わっている感情である。しかし、不安は、内側から沸き起こり、恐怖は、事故や災害、人間関係など外的な原因により生まれる。1910年にウィーンで書かれたツヴァイクの*Angst*は、主人公のイレーネ夫人にまつわるストレスの問題が鍵になる。

　片野（2021）によると、ストレスを構成する要素は、ストレッサー、認知的評価、その対処、ストレス反応である。成年期にあるイレーネ夫人が受けたストレッサーは、社会的なものである。人間関係のトラブル、多忙、いじめ、リストラ、家族の死、挫折、失敗、離婚、結婚などがその例になる。周囲から刺激を受けた際、それが有害か否か認知的に評価し、それに対抗してコーピングで刺激を処理していく。コーピングには問題焦点型と情動焦点型の二種類がある。

　ストレスが有害であると認知した時、一般的に体には不安や怒り、恐怖、焦りといった情動変化がみられる。続いて、動機や冷や汗、鳥肌、震えといった身体変化が現れ、仕事のミスや事故の増加など行動に変化がでる。

表1　ストレスの認知的評価

認知的評価	説明
一次反応	ストレッサーを受けた時にそれが自分にとって有害か無害かの判断をする。例えば、無関係は無害、対応が不可能は有害になる。
二次反応	ストレスフルと評価されたストレッサーに対し、その状況を処理して切り抜けるために何をすべきか検討する。
ストレス反応	情動、身体、行動に変化がある。
コーピング	周囲から刺激を受けた際、それが有害か否か認知的に評価し、それに対して意識的に行動すること。問題焦点型コーピングは、ストレッサーそのものに働きかけ原因を解決し除去する。一方、情動焦点型コーピングは、ストレッサーそのものに働きかけず、それに対する考え方や感情を変えようとする。

片野（2021）より

　小説の冒頭でイレーネ夫人は、入ってくる女性と強くぶつかった。女は、イレーネが手にした財布や通帳を見て、哀れな奴と呟く。イレーネは、車の中で吐き気がして喉に苦いものが登ってきた。エネルギーを一つにまとめ、超人的に努力していくつもの道を先に進み、家に辿り着く。(Alle Energie zusammenraffend, stieß sie sich von Gasse zu Gasse fort mit einer übermenschlichen Anstrengung,... Endlich kam sie zu ihrem Hause. 7) 食堂に入ると夫フリッツがテーブルで新聞を読んでいる。帽子を取らないイレーネにとてもイライラしているけど何をしていたのか夫が問いただす。自分の部屋へ行き帽子を取って居間に戻る。情動焦点型のコーピングである。

　しかし、彼女の思考は、恐ろしいほど恐喝女の近くにあった。(Ihre Gedanken kamen in die grauenhafte Nähe der Erpresserin. 8) ここでイレーネにとって恐喝女は、ストレスフルであり、それを抑えるがために不安や怒り、恐怖、焦りといった情動に変化がみられる。対処法は、愛人への短い手紙である。問題焦点型のコーピングである。

　イレーネは、女の記憶を惑わすために黒い目立たない洋服を

着て別の帽子を被った。しかし、喫茶店が近くにあることを残念に思った。（Irene nahm diesmal ein dunkles, unauffälliges Kleid und einen anderen Hut. Aber fast leid war es ihr, daß die Konditorei so nahe lag. 14）入っていくと恋人は角に座っていた。静かにして声を抑えている。30分間話し彼から離れ、予期せぬ成功が自分の顔への好奇心を刺激した。

　イレーネは、ストレス状態にとりあえず適応している。つまり、扁桃体で認識された情動からくる快不快の感情を前頭葉でコントロールし、冷静さを取り戻している。大脳皮質から扁桃体を経て、視床下部に情報が伝達され、内分泌系と自律神経系が相互に影響を及ぼしながらホメオスタシスを保っている。

表2　ストレス反応の経路

反応の経路	説明
ストレッサーから大脳皮質	ストレッサーを受けると人間の脳の一番外側にある大脳皮質で刺激を捕える。
扁桃体から視床下部	扁桃体で喜怒哀楽や快不快といった情動を認識し、情動や理性的な判断さらには思考に携わる前頭葉を経て脳幹に位置する視床下部に情報が伝達される。すると副腎皮質刺激ホルモン放出ホルモン（CRH）が放出される。
内分泌系（HPA）	CRHにより刺激された脳下垂体から副腎皮質刺激ホルモン（ACTH）が産生放出される。これが副腎皮質に到達すると、コルチゾールが分泌され、代謝や免疫機能を活性化し、短期的なストレス状態にうまく適応する。
自律神経系（SAM）	CRHが放出され自律神経が刺激されると、交感神経に受け継がれ、ノルアドレナリンが分泌され、刺激を受けた副腎髄質からはアドレナリンやノルアドレナリンが分泌される。血管の収縮、血圧上昇、心拍数の増加などを促す。
免疫系	ストレッサーが作用したり異物が体内に侵入することにより、多くの段階の免疫システムを稼働させ、それに抵抗しようとする。

片野（2021）より

4 不安障害の比較

4.1 ツヴァイクのAngst

　8年間の結婚生活は、イレーネにとって幸福の振り子が快適に揺れる時間で、子供を授かり我家も得た。しかし、彼女の不安が心の小部屋に入口を見出そうと、小さな思い出を内気なハンマーで叩く。3日間イレーネは家から出なかった。8年間の結婚生活より長い時間である。(Drei Tage hatte sie nun das Haus nicht verlassen. Diese drei Tage im Kerker der Zimmer schienen ihr länger als die acht Jahre ihrer Ehre. 20) 3日目の晩、彼女は夢を見た。どこへ行っても恐喝女が彼女を待ち伏せし、家に戻れば夫がナイフを振り上げる。助けを求めるも夫がベッドの縁に座って彼女を病人のように見る。叫んだからである。強い不安感に襲われているため不安障害の症状が出ている。

　イレーネは、どうやら自分の感情に捕らわれて不安を生み出す性格のようである。次の日、昼食中に女中が手紙を持って来た。封を開けると、持参者にすぐ100クローネを渡すように3行で書いてある。日付も署名もない。(Der Brief war kurz. Drei Zeilen: "Bitte, geben Sie dem Überbringer dieses sofort hundert Kronen." Keine Unterschrift, kein Datum. 28) 封筒に紙幣を折り畳んで玄関で待機している配達人に渡す。躊躇することなく催眠術にかかったように。恐ろしい不快感、見たこともない夫の視線が気になった。心の奥が震えているのを感じる。これもまた強い不安感に襲われている不安障害の症状である。幸運なことに昼食は、すぐに終わった。また、手紙を暖炉の中に投げ入れ、気持ちは落ち着いた。一応心のコントロールはできている。

　次の日にまたメモ書きが届く。今度は200クローネの請求である。次第に額が増えていく。イレーネは、不安から動悸がし手足が疲れて眠れない。やはり不安障害の症状である。夫は、彼女を病人のように扱うようになった。

　通知が来なくなって4日経った。(Nun waren es schon vier Tage,

daß die Person sich nicht gemeldet hatte. 41）恐喝の手紙を受け取るという不安は、金の支払により夕べの安らぎを買うことになる。ベルの呼び出しでドアを開けると、驚いたことにそこには醜い顔の恐喝女ワーグナー夫人（das verhasste Gesicht der Erpresserin Frau Wagner. 41）がいた。すぐに片付くとして厚かましくも家の中に入ってくる。何がほしいのか。ワーグナー夫人は、金が必要である。400クローネである。イレーネ夫人は、金がないといい、代わりに婚約指輪を渡す。夫には指輪を掃除に出しているという。（Frau Irene kann nicht. Die Person sah sie an, von oben bis unten, als wollte sie sie abschätzen. Zum Beispiel der Ring da. Sie hat ihren Ring zum Putzen gegeben. 43）外に出てあたりを見回しても誰にも会わない。通りの反対方向から夫の視線を感じた。

　かつての愛人の家の前に来た。イレーネは、喜びで体が震えた。愛人が鍵を開けてドアが開いた。彼に助けを求めるも幻想にとりつかれ荒れ狂う。外に出ると辺りは暗く、夫と思われる人がいても追いかけるには不安があった。彼の姿が影に消えた。薬局で夫に出会う。顔は青白く、額に汗をかいている。通りを並んで歩くも部屋に入り二人は黙っている。夫が優しく接近する。突然イレーネがすすり泣く。耐えられないほど数週間緊張し、神経が擦り切れ苦痛で体には感覚がなかった。（Seit Wochen auf das Unerträglichste gespannt, waren die Nerven nun zerrissen, und fessellos tobte die Qual durch den fühllosen Leib. 55）もう心配することはない、すべてが終わったと夫はいう。イレーネにキスして愛撫する。

　翌朝目を覚ますと部屋のなかは明るく雷雨が去ったようである。何が起こったのか思い出だそうとする。驚いたことに、指には指輪があり、思考と嫌疑がかみ合って全てのことが理解できた。（An ihrem Finger funkelte der Ring. Mit einem Male war sie ganz wach. 57）夫の質問、愛人の驚き、全ての縫い目が巻き戻った。（Die Frage ihres Mannes, das Erstaunen ihres Liebhabers, alles Maschen rollten sich auf. 57）微笑みが彼女の唇に現れ、何が自分

の幸福なのかを深く享受するために目を閉じて横になった。（Mit geschlossenen Augen lag sie, um all dies tiefer zu genießen, was ihr Leben war und nun auch ihr Glück. 58）

　シュテファン・ツヴァイクの*Angst*の主題は、第一次世界大戦前夜のヨーロッパにあった日常のものである。イレーネの症状は、疲れやすく集中できず、緊張して眠れないという全般性の不安障害の診断項目に該当し、また、動悸・息切れがする、吐き気がする、不快感があるといったパニック障害の診断項目も確認できるため、購読脳は、不安と恐怖にする。不安と恐怖が入力になる*Angst*の執筆脳は、自我とパーソナリティである。双方をマージした際のシナジーのメタファーは、シュテファン・ツヴァイクとストレス反応である。

4.2　カミュの*L'Étranger*－司法の精神医学

　L'Étranger（1942）は、アルベール・カミュ（1913 – 1960）が29歳のときに書いた小説である。17歳のときに肺結核の発作が起こる。肺結核のために大学教授資格試験も断念しており生涯の持病になる。カミュと歳が近い主人公のムルソー（Meursault）は、1930年代の青年の喜びや苦しみを具現化した典型的な人物であり、人間とは何かという問題を分析するときの題材になる。

　不条理は、筋道が通らないこと、道理に合わないことであり、道理は、正しい筋道、人の行うべき正しい道のことである。ムルソーは、不条理の光に照らしても、その光の及ばない固有の曖昧さを保っているとし、不条理に関してはそれに抗している。現実で具体的なもの、現在の欲望だけが重要であり、人間は、無意味な存在で無償であるという命題こそが出発点となり、積極性を内に秘めたムルソーがそこにいる。そこで*L'Étranger*の購読脳を不条理と現実にする。

　ママンの死（maman est morte. 2）とかアラビア人を殺す（J'avais abattu L'Arabe comme je le projetais. 90）といった生死に関わるような体験は、心的外傷後ストレス障害（PTSD）の発症にもつながる。日本成人病予防協会（2014）によると、発症する要因に

は過去に精神疾患があったり、トラウマ（心の傷）があったり、身体的な消耗とか物事を深刻に受け止める傾向が強いかどうかが重要因子になる。二つの事件は、記憶に残りトラウマとなって何度も思い出すが、ムルソーの症状は、特別強いわけではない。第二次世界大戦中のフランスやスペインそして北アフリカには、こうした精神疾患の持ち主が多くいた。

　不安障害は、ストレスが原因で不安や心配が生じそれが解消できないと心身に様々な症状が出る。長い準備期間の後、症状発現のきっかけになる結実因子があって神経症が発症する。ムルソーの場合、几帳面で積極性を秘めた性格（un caractère taciturne et renfermé）や生死にまつわる環境（circonstances entourant le décès）、それに適応する能力（capacité d'adaptation）から生まれる結実因子をどこかで調節している。裁判長がフランス人民の名において広場で斬首刑を受けるといったにもかかわらず。（Le président m'a dit dans une forme bizarre que j'aurais la tete tranchée sur une place publique au nom du peuple francais. 97）それは、ムルソーに不条理に抗する力があるためである。世の中とは確かに不条理にできている。

　そこで執筆脳は、秘めた積極性と抗力にする。ムルソーは、律義な男であり（Il y avait lu que j'étais un honnête homme, travailleur régulier, ... 94）嘘をつくことを拒絶する。存在し感じることのできる真理が好きだからである。積極性を内に秘めていればこそできる技である。

　キリストの処刑同様にムルソーの呟きは、無実の罪によるものと作者は考えており、この作者とは、ムルソーが法廷で視線を交わした一人の新聞記者（J'ai rencontré le regard du journaliste à la veste grise. 96）と読む。

　小説そのものは、不条理に関し、それに抗して作られている。そこで、シナジーのメタファーは、カミュと不条理に対する抵抗にする。

4.3　不安障害の比較

　比較する項目は、時代背景、国地域、テーマ、主人公の性格、精神の症状などである。シナジーのメタファーについても購読脳と執筆脳を並べてそれらをマージしたものを置いている。

　Angst の受容の読みによる不安と恐怖という出力は、すぐに共生の読みの入力になる。続けて、データベースの問題解決の場面を考えると、自我とパーソナリティという人間の脳の活動と結びつき、その後、信号のフォーカスは、購読脳の出力のポジションに戻る。この分析を繰り返すことにより、第一次世界大戦前夜のヨーロッパにあった日常からシュテファン・ツヴァイクとストレス反応というシナジーのメタファーが見えてくる。

　L'Étranger は、不安障害を別の角度から見た小説である。第二次世界大戦前夜のアルジェリアが舞台であり、主人公のムルソーは、世界が不条理であることを発見したため、世界の無意味にして美しい場面が描かれている。

　L'Étranger の受容の読みによる不条理と現実という出力は、すぐに共生の読みの入力になる。そこから問題解決の場面を見ると、秘めた積極性と抗力という人間の脳の活動が現れ、信号のフォーカスは、購読脳の出力のポジションに戻る。これを繰り返すことにより、第二次世界大戦前夜の日常のヨーロッパからアルベール・カミュと不条理に対する抵抗というシナジーのメタファーが考察される。

表3　小説の比較

比較項目	ツヴァイクの*Angst*	カミュの*L'Étranger*
時代背景	第一次世界大戦前夜	第二次世界大戦前夜
国地域	オーストリア	アルジェリア
テーマ	自我の保守。	不条理に対する抵抗。
主人公	イレーネ（女）	ムルソー（男）

主人公の性格	自分の感情に捕らわれて不安を生み出す。女性ゆえに感情に捕らわれやすい。それが発症の原因である。	青年の喜びや苦しみを具現化した人物で、几帳面で積極性を内に秘め、嘘をつかず、不条理に抗する力がある。
精神の症状	疲れやすく集中できず、緊張して眠れないという全般性の不安障害である。また、動悸・息切れがする、吐き気がする、不快感があるといったパニック障害もある。	ママンの死とかアラビア人の殺害が記憶に残り、トラウマとなって何度も思い出す。不安障害は、特別強くはない。但し、心的外傷後ストレス障害がある。
主たる場所	自宅	法廷
他の登場人物	夫フリッツは、優しく接近するも、恐喝女ワーグナー夫人が待ち伏せし金を要求する。	第二次世界大戦中のフランスやスペインそして北アフリカには、こうした精神疾患の持ち主が多くいた。
シナジーのメタファー	購読脳は不安と恐怖、執筆脳は自我とパーソナリティ、シナジーのメタファーは、ツヴァイクとストレス反応である。	購読脳は不条理と現実、執筆脳は秘めた積極性と抗力、シナジーのメタファーは、カミュと不条理に対する抵抗である。

　ツヴァイクの*Angst*とカミュの*L'Étranger*は、時代のズレがあるも、共に当時ヨーロッパで見られた民衆の精神疾患である。世界大戦を回避出来なかった当時の政治、軍事、経済そして環境の問題などがもたらしたヨーロッパの歴史の頁の描写といえる。

　主人公の年齢に関して具体的な表記はないものの、イレーネは、30代の女性、ムルソーは、20代の男性といったところであろう。

5.　まとめ

　時代の背景が20世紀の前半にあるオーストリアとフランスの
小説を題材にそれぞれの作家の執筆脳を分析し、主人公の不安
障害について精神分析を試みながら内容を比較している。小説
のテーマは、心の健康のケア、自我の保守と不条理に対する抵
抗である。世界戦争が時代の背景にある20世紀前半は、一般の
民衆が不安や恐怖に怯え自分を見失うこともあった。そのため、
自分を放棄するなとか嘘を拒絶するといった作家からのメッセ
ージには、ある種の共通認識が見え隠れする。

　不安障害の症状もパニック障害を含む全般性と心的外傷後
ストレス障害という違いがあり、登場人物を分析しながら問題を
解決するには、自己の保守とか不条理に対する抵抗という強い
気持ちが必要であった。

参考文献

片野善夫監修　ほすぴ180号　ヘルスケア出版　2021.

中条昇平　カミュ伝　集英社　2021.

日本成人病予防協会監修　健康管理士一般指導員受験対策講座3
　　心の健康管理　ヘルスケア出版　2014.

花村嘉英　計算文学入門 − Thomas Mann のイロニーはファジィ
　　推論といえるのか？　新風舎　2005.

花村嘉英　从认知语言学的角度浅析鲁迅作品 − 魯迅をシナジー
　　で読む　華東理工大学出版社　2015.

花村嘉英　日语教育计划书 − 面向中国人的日语教学法与森鸥外
　　小说的数据库应用　日本語教育のためのプログラム − 中国
　　語話者向けの教授法から森鴎外のデータベースまで　東南
　　大学出版社　2017.

花村嘉英　从认知语言学的角度浅析纳丁/戈迪默　ナディン・ゴ
　　ーディマと意欲　華東理工大学出版社　2018.

花村嘉英　シナジーのメタファーの作り方 − トーマス・マン、

魯迅、森鴎外、ナディン・ゴーディマ、井上靖　中国日语教学研究会上海分会論文集　2018.

花村嘉英　社会学の観点からマクロの文学を考察する－危機管理者としての作家について　中国日语教学研究会上海分会論文集　2020.

手塚富雄　ドイツ文学案内　岩波文庫　1981.

渡辺和夫　フランス文学案内　岩波文庫　1990.

Albert Camus　L'Étranger（窪田啓作訳「異邦人」）Wikisource 2016.

Kurt Rothman　Kleine Geschichte der deutschen Literatur　Reclam 1981.

Stefan Zweig　Angst　Reclam　1954.

第3部　比較文学

第1章

医療社会学から文学をマクロに考える
データ分析者としての作家の役割について

1　はじめに

　医療が人間の健康維持や回復そして病気の予防を目指していることは周知の通りである。しかし、そこには、医師と患者の関係や医療組織の在り方、そして病人の社会での位置づけなど社会的な諸問題が含まれている。

　医療社会学は、医療組織やそれに絡む人たちの社会上の問題に社会学的な分析方法を適用し、問題解決を目指す学問である。高城（2002）によると、こうした新たな学問分野を切り開いたのは、タルコット・パーソンズ（1902-1979）であり、アメリカの社会科学は、彼のおかげで世界水準に到達したといっても過言ではない。そこでこれまでみてきた病跡学の分析データが集団の脳の活動としてパーソンズの理論に適用可能かどうか検討していく。自ずと比較になるとともにパーソンズの理論が文学の分析にあまり適用されていないこともあり、パターン変数等も含めてどこまで通用するのか考えてみたい。

　例えば、末期の病人の介護はどうあるべきか、どのようにすればよりよい死を迎えることができるのか、現実的な問題が問われている。こうした問題に社会学の分析方法を用いて解明しようとする動きは確かにある。しかし、文学分析の領域までは届いていない。

　文学分析は、通常、読者による購読脳の比較が問題になる。一方、シナジーのメタファーは、作家の執筆脳を研究するためのマクロの分析方法である。そのため、個別の箱作りと複数の

箱を束ねた社会学的な分析の双方を今回は関連づけて考える。
なお、パーソンズとシナジーのメタファーを融合する際、キーワードになるのは信号である。

2 パーソンズの医療社会学とは

2.1 能力モデルと逸脱モデル

　パーソンズは、十歳の頃、父に連れられてドイツに在住した経験から生涯ドイツに強い関心を寄せ、学問的にマックス・ウェーバー（1864－1920）の影響を強く受けている。ウェーバーの合理化論を歴史の因果関係の一局面で理論化し、ウェーバーを乗り越えることがパーソンズの生涯の目標になった。因みに、ウェーバーは、ドイツ社会科学の礎を築き法律学や国民経済学を専門とし、歴史や宗教でも学術の実績を作っている。

　パーソンズは、行為理論とシステム理論を用いて医療社会学を展開していく。キーワードは、病人役割という概念である。この概念から医師－患者関係や病人と周りの人々との関係を分析しつつ、医療社会学という学問を形成していく。医師役割に患者情報の遵守とか患者からの信頼というものがあるように、病人役割には、能力モデルと逸脱モデルがある。（高城2002）

　個人の役割遂行能力を健康に見出し、健康には人間の生理や行動システムのメカニズムさらには心の健康までが含まれる。この能力の損傷こそが病気であり、役割遂行能力との関連で健康と病気を考察するという能力モデルが作られる。

　また、人間の持つ目標追求能力を目的率とし、食欲とか性欲が低下したときを病気であるとする。その際、身体的な疾患と精神的な疾患を両極に、さらにそれらを含む広範な領域を考える。精神疾患は、役割遂行能力が損なわれた状態であり、身体疾患は、特定作業の遂行に困難を感じる状態である。

　病人は、熱のため学校を休むと社会の役割義務から免除され、また、自力で回復する義務からも免除される。こうした特権と

ともに、病気は望ましくない状態のため回復の義務を負い、健康回復のために医療専門職と協力しなければならない。こうした特権と義務のために病人に対する役割期待が制度化されている。そして、これらの特徴を鑑み、病気による困惑や混乱から役割に期待通り応えられず、逸脱方向に進むことがある。

病人役割からの逸脱志向の類型には、①頻繁な受診行動や心気症のような些細な不調に過敏な反応を示す現象や苦痛を和らげるための頻回手術症（強迫的遂行）、②病気が全開に向かっているのに病人役割に固執する志向（強迫的黙従）、③病気の兆候があるも受診行動をとらず、医師や家族の指示に反抗する攻撃型の志向（反抗または攻撃）、④病気でも病識を持たず無関心を通す（撤退）がある。（高城2002）

パーソンズは、こうした病人役割からの逸脱に対し役割期待に導くような社会的コントロールがあると考えている。例えば、患者の意見も取り入れる治療（インフォームド・コンセント）は、病人役割からの逸脱の調節や健康回復を目指すという意味で社会的なコントロールのシステムである。社会的コントロールのメカニズムは、許容、支持、相互行為の拒否、報酬の操作などである。

2.2　逸脱志向と社会的コントロール及びAGILの統合

パーソンズは、逸脱志向の4類型と社会的コントロールの4類型を統合する。1撤退と許容、2攻撃と支持、3強迫的遂行と拒否そして4強迫的黙従と報酬である。パーソンズは、行為のシステムが存続するようさらに解決すべき問題として、適応（Adaptation）、目標達成（Goal attainment）、統合（Integration）、潜在的パターンの維持と緊張管理（Latent pattern maintenance and tension management）を考える。

高城（2002）によると、一般行為システムのなかの4つのシステム（文化、社会、パーソナリティ、行動）において、文化システムは、宗教的世界がコントロールするため異なる文化があり、社会システムの人間関係の特質は、それぞれの文化システ

ムにより制御され、またパーソナリティシステムは、社会システムのあり方が規定してくれる。

　もし我々がエジプトに生まれて社会化されたら異なるパーソナリティを持つことになる。個々のパーソナリティシステムの欲求が人間有機体の行動システムをコントロールし、この行動システムにより物理的有機的な環境を制御する。トマトが食べたければ、個別のシステムから畑を耕し環境をコントロールすればよい。

　社会システムにおける下位システムは、適応Aで目標を実現するために状況を制御し（例、経済）、目標達成Gで参加者の欲求を充足し（例、政治）、統合Iで目標達成のみならずチームワークも求められ（例、国民共同態）、潜在性Lで参加者の動機付けと価値パターンを保持していく（例、宗教）。これら4つの機能AGILは、逸脱と社会的コントロールの4類型と組になる。（高城2002）

表1　逸脱・社会的コントロール＋機能

4類型の組	機能
1撤退と許容	家庭内の暴力を緩和する回復のメカニズムのため、潜在性Lに対応する。
2攻撃と支持	逸脱志向をそのまま支持し、連帯を築こうとするメカニズムのため、統合Iに対応する。
3強迫的遂行と拒否	不調な相互行為を拒否して正常な目標へ導くメカニズムのため、目標達成Gに対応する。
4強迫的黙従と報酬	形式だけではなく報酬も操作し正常な役割期待に適応させるメカニズムのため、適応Aに対応する。

　4類型1→潜在性L、パターンを維持するため、この機能は、文化システムが担う。異なる文化システムは、宗教的世界により規定されている。

　4類型2→統合I、人間の連帯と統合するため、この機能は、社会システムが担う。社会システムにも下位にシステムがある。図1参照。

4類型3→目標達成G、この機能は、パーソナリティシステムが担う。パーソナリティシステムは、社会システムの人間関係のあり方により規定される。

4類型4→適応Aである。環境に適応するため、この機能は、脳・神経システムとしての行動システムが担う。行動システムは、特定状況の中で知的に行為する行為者の一般能力（パーソナリティシステム）から構成され、特に、状況の意味を認識して知的決定を行う能力、知性が重要になる。

パーソンズの理論の行為の下位システムは、1一般行為システムにおける機能（AGIL）、2社会システム、3社会システムの行為内環境（文化、パーソナリティ、行動の各システム）、4社会システム内機能と社会の下位システム（例、信託システム、国民共同態、政治、経済）、5行為の環境（究極的実在、物理的・有機体的環境）、6自動制御の諸関係である。特に、自動制御の階層は、コントロール側にある高情報の究極的実在（神）と条件側にある高エネルギーの物理・有機体環境からなり、行為システム間を相互に信号が行き来する。

図1　行為の下位システム

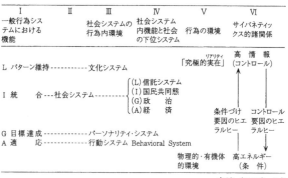

高城（2002）より

また行為の上位システム、即ち人間の条件の上半分、行為システム（行為者）と究極的目的システム（神）は、恩寵と信仰

により相互に作用し、その下半分、物理・化学的システム（自然）と人間有機体システム（人体）は、環境の適合性と適応能力により互いに働きかける。そして、こうしたシステムとしての人間の条件は、グローバル化とローカル化が同時に進行する21世紀において、この条件のための秩序として不確実性と人間の自由という課題に立ち向かう。

なお、図2にみられる四つのマスの各名称が類型と呼ばれ、それらを囲む縦横の用語がパターン変数になる。

図2　システムとしての人間の条件の構造

恩　寵
信　仰

L₁	究極的目的システム	i	i	行為システム	I₁
行為の意味の根拠づけ	究極的基礎 （B）	究極的秩序 （B）		社会システム	文化システム	象徴的組織
	究極的機関 （B）	究極的実現 （B）		パーソナリティシステム	行動システム	

自然の理解可能性　　自然の秩序化　　　有機体のエネルギー　　生物の動機づけ組織

a		g	a		a
生命システムの物的基礎	炭素（H） 新陳代謝（H） 燃料物質（W） 土（G）	酸化作用（H） 複雑性（H） エネルギー（W） 火（G） （窒素…Wald）		表現型的有機体	生態系的適応 （行動有機体）	合目的的組織
	水（H） 水溶性（H） 不活性物質（W） 水（G）	酸素（H） 調整（H） 情報（W） 気体（G）		子孫を育てる 人　口	遺伝的遺産	

| l | 物理的・化学的システム | i | i | 人間有機体システム | l |
| A | | | | | G |

適応能力
環境の適合性

（B）ロバート・ベラー
（H）L・J・ヘンダーソン
（W）ノバート・ウィーナー
（G）ギリシャ哲学

高城（2002）より

101

行為システムは、人間中心の行為の観点にある。そこから神による究極的な目的システムと自然による物理化学的システムとの関係が、人間から見てどのように意味づけられるのか理解するため、人間の条件を相互に交換できるようにする。行為者による人間有機体システムとの関係も然りである。

以下では、病跡学に寄せるために小説のなかに登場する病人や患者に的を絞って様々な病理表現を考えていく。

3 病理表現から病跡学を比較する

病跡学には、天才の精神障害を分析するという狭義の意味と病理表現の分析までも含む広義の意味とがある。小説の主人公を指して皆が天才と呼ぶには及ばない。この小論の分析対象は作家のため、一応広義の意味で考察を進めていく。病跡学のために分析した小説は、パーソンズの人間の条件を踏まえて集団の脳として比較される。ここでの登場人物の症状は、原因や定義及び病前の状態を表し、病理表現は、病跡学に通じるように説明していく。

三浦綾子（1922 – 1999）「道ありき」
<u>登場人物の症状</u>

綾子は、敗戦の翌年に肺結核の症状が出た。ところが、医師は、問診で肺結核といわず、肺浸潤とか肋膜と説明した。肺結核と診断すれば、現代でいうがんの告知に匹敵したからである。何れにせよ、綾子は、生きる目標を失い、何もかもが虚しく思われる虚無の心境に陥った。
<u>病理表現</u>

三浦綾子は、「道ありき」の中で自身の症状についてデータを分析している。例えば、突如40度近い熱がでた。体中が痛くてリウマチだと思った。一週間経過して体重が7キロも痩せ微熱がひかない。体はいっそう痩せ、目が熱で潤み頬が紅潮し、37度4分の熱が続き血痰もでた。夜だけで7、8回起きるほど排尿の回

数が多くなり、動くと背中が痛かった。自覚の症状ではカリエスである。

転院後、血液検査、尿検査、レントゲン撮影、1.8リットルの水を飲む水検査と立て続けに検査があった。聴診器を当ててくれた医師が「空洞がある」という。微熱があり、肩もこり、血痰も出た。背中の痛みは、ますますひどくなった。気分障害も発症している。スリッパも履けず、このままだと下半身に麻痺が出て、失禁の症状になる。結局、背骨を結核菌が蝕むカリエスという診断がでる。

井上靖（1907－1991）「わが母の記」
<u>登場人物の症状</u>

認知症に関する内容である。認知症の患者は、βアミロイドの蓄積により脳内の神経細胞の神経繊維が萎縮するため海馬が萎縮してしまい、情報がスムーズに送れなくなる。また、受ける側の神経細胞も損傷し情報のやり取りがうまくいかなくなる。ここでは、作者の母の認知症のタイプをアルツハイマー型認知症と考える。
<u>病理表現</u>

「わが母の記」の中で井上靖の母は、認知症の症状が次第に強くなっていく。80歳で物忘れがひどくなり、何度も同じ事をいうようになる。85歳になると、同じ事を毎回さも新しいことのように繰り返す異常さが認知症の進み具合を説明している。人間年齢をとると次第に子供に帰っていくといわれるが、まさにそのように見えた。幻覚症状はまだ続く。認知症による徘徊である。

ある晩息子を探しに月明かりの道を彷徨っていた。朝食を摂ったばかりなのに、やがて夕方が来ると思い込んでいる。89歳になり、老耄も烈しくなっている。アルツハイマー型の認知症は、認知症の中でも最も多いタイプで、女性に多く全体の約6割を占め、過去の体験を思い出せない記憶障害が出て、異常な言動を伴うことが増えていく。

幸田文（1904 - 1990）「父」
登場人物の症状
　父幸田露伴の死を見送る記録は、臨終間際の病人の症状を書きとめ、症状の変化が周囲にも伝わるように配慮がある。文が台所の番をしていたとき、露伴が血だらけだと知らせがあった。顔、髭、手、枕、シーツが紅くなっていた。しかし、父の表情から何の異常も不安も発見できなかった。午後になって二度目の出血があり、ただ事ではないと感じたが、原因がわからず、三度目の出血で応急処置となった。

病理表現
　幸田文の「父」は、文が父の死の宣告を受ける場面が山場になる。露伴に口中出血がある。糖尿病のため止血綿の圧迫もピタリとはまらない。肥満で意固地な父に看護になれた文も心が粗雑になる。父の食欲がなくなる。歯ブラシが危険で嗽だけになる。病人用の氷も買った。血流をよくするために湯で手足を温める。肺炎と診断される。文は、睡眠不足で混沌とした精神状態にあり、父も不眠症である。胸や肋骨が浮き出し、鎖骨はくぼみ、胃部もくぼみ腹がたふたふしていた。筋肉が萎えていた。瀕死の状態で最期は痙攣と発作があり、死色が顔から紅を奪った。

　臨終後、７月末の葬式で喪主を務め、強い父の命は、最後まで作者を放すことがなかった。しかし、別れ自体は清々しく、深い思慕の情には力強さなどない。焼香の際も写真の父が昇っていくようで、露伴の俳句「獅子の児の親を仰げば霞かな」を引いて、美醜愛憎あるなか恩を確かめている。

魯迅（1881 - 1936）「狂人日記」
登場人物の症状
　狂人の言動から統合失調症を考える。統合失調症の患者は、情報を処理する際に、ストレスを感じて負荷がかかりやすい。通常、感覚器官から入ってきた情報は、脳の視床で篩にかけられる。しかし、情報量が増えて、処理能力を上回りそうになる

と、情報量を減らすために視床フィルターが機能する仕組みになっている。統合失調症の患者は、これがうまくできない。狂人も思考や行動がまとまりを欠いた解体症状を引き起こす。

病理表現

　魯迅の「狂人日記」では、食人と狂人のやり取りから狂人のメンタルな症状が描かれている。狂人は、狂気に陥っている。中学生の頃には、症状が周囲からも見て取れた。魯迅は、日本で個人を重視する近代ヨーロッパの精神を学んだ。これは、魯迅にとって儒教を拠り所とする封建的な物の考え方と全く異なる革命的な思想であった。これを狂人が狂気に陥った一要因とする。

　怪しげな目つきで睨む人は、俺を食おうと思っている。妄想気分である。他の雑音には目もくれず、特定の刺激だけに焦点を絞るのは、注意障害である。空笑や他人の発言または夢の中の出来事などが幻聴にあたる。自分と他者との境界が崩れて自我境界が曖昧になり自分の秘密が周囲に筒抜けと感じるのは自我障害である。妄想気分から統合失調症を患っている患者は、ストレスを感じ解体症状を引き起こす。覚醒の時期は、何度かある。

ペーター・ハントケ（1942－）*Wunschloses Unglück*

登場人物の症状

　オーストリア南部のケルテン州で兄弟姉妹とともに育ったマリアは、父に抑圧されていた。学校では才能を評価され、親切で協調性のある生徒であった。仕事を習得しようと思うも父に禁じられ、15年間実家を離れた。こうした家庭内の葛藤は、将来における気分障害の発症を予期させる。

　また、結婚しても愛憎定まらぬ関係になり、彼女の異性関係は、気分障害の病前性格に絡む精神的な問題と読み取れる。

病理表現

　母マリアの気分障害が報告されている。異性関係や経済的な理由から堕胎を繰り返す。しかし、貧しい中で子供を三人出産

する。妊娠や堕胎そして出産は、気分障害の発症の原因といえ
る。次第に抑うつの症状が現れる。抑うつは、うつ病の主な症
状の一つで、憂うつ感と不安感が混じったものである。マリア
の場合、気分障害でも躁うつ双方の状態がみられ、両極型の症
状である。但し、うつ症状が主で、躁状態は軽い段階で済んで
いる。

　マリアは、病気になり頭痛を薬で抑え、はっきり考えること
ができなくなる。精神科に行くと、精神虚脱といわれる。気分
転換に旅をするも回復はせず薬におぼれ、自殺を回避できなか
った。ある日、マリアは、知人全員に手紙を書き、睡眠薬を大
量に服用して51歳で自殺した。

表2　病理表現

作者名	主人公の主な症状	病理表現
三浦綾子	カリエス (作者自身)	リウマチ、7キロも痩せる、微熱が続く、目が熱で潤み頬が紅潮する、血痰、頻尿、背中が痛い、立て続けに検査、空洞がある、失禁の症状、結核菌が背骨を蝕むカリエス。
井上靖	認知症（母）	物忘れが酷い、何度も同じことをいう、年をとると子供に帰る、幻覚症状、徘徊、記憶障害、老耄、異常な言動。
幸田文	糖尿病（父）	口中出血、糖尿病、食欲がなくなる、肺炎、不眠症、胸や肋骨が浮き出す、鎖骨や胃部が窪む、腹がたふたふし筋肉が萎える、痙攣と発作、死色の顔。
魯迅	統合失調症（狂人）	狂気、怪しげな目つきで睨む、俺を食おうと思っている（妄想気分）、空笑い、夢の中の出来事（幻聴）、自分の秘密が周囲に筒抜け（自我障害）、強いストレス（解体症状）。
ハントケ	気分障害（母）	堕胎、妊娠、出産（気分障害）、抑うつ症状、精神虚脱、睡眠薬、自殺。

上記作家による病気や病人に関する病理表現を比較すると、全体的に該当する疾病について周知の特徴を描く傾向にある。つまり、執筆時に伝えようと考えている情報は、カリエスの診断までの症状や検査、認知症の進み具合、瀕死で臨終間際の病人を気遣う家族の様子、狂人による統合失調症の振る舞い、気分障害を患う中年女性の行動といった病人から提示される行為である。以下では、パーソンズの能力モデルと逸脱モデルからそれぞれの病人の行為を比較する。

4　データ分析者としての作家

　上述したパーソンズの医療社会学にみられる人間の条件のモデルを上記作家の小説に適応してみよう。ストーリーは、一応病人の行為に基づいた分析になっている。

表3　病人の行為

比較の項目	三浦綾子	井上靖	幸田文	魯迅	ハントケ
遂行能力	×	×	×	×	×
疾患	身体、精神	精神	身体	精神	精神
特権	○	○	○	△	○
義務	○	×	×	△	△
逸脱	役割期待	役割期待	役割期待	2	3
治療	○	△	△	○	△
IC	○	×	×	×	×
逸脱＋治療	適応A	不要	不要	潜在性L	目標達成G
行為システム	行動	社会	社会	文化	パーソナリティ
相互作用	○	○	○	○	△

項目の評価
• 遂行能力：能力モデルと逸脱モデルがある。主人公が病気のため、役割遂行能力は損なわれている。
• 疾患：身体的な疾患と精神的な疾患がある。精神疾患は、役割遂行能力が損なわれた状態であり、身体疾患は、特定作業の遂行に困難を感じる状態である。

・特権と義務：病人の特権と義務があるかないかである。
・逸脱：逸脱があれば修正し（表1）、なければ修正は不要で、役割期待が保たれている。
・治療：治療は、全ての患者に行われているわけではない。
・IC（インフォームド・コンセント）：治療は、医師の独断ではなく、医師と患者による共同の意思決定で行われる。アメリカで1970年代に行われた医療意思革命の一つである。
・逸脱＋治療：逸脱から治療による社会的なコントロールにより病人役割が遂行できるようにする。
・行為システム：それぞれの小説の登場人物が行為システムにおいてどこに入るのか考える。行為のシステムは、文化、社会、パーソナリティ、行動のサイクルが一周する。
・相互作用：人間の条件としての病人の行為が神、自然、人体と相互に作用しながら大枠でもサイクルをなし、信号が相互に行き来するかどうか考える。

　人間の条件の課題として、パーソンズが挙げている不確実性と人間の自由に関し、ここでは病人に特化して考える。病人は、老いてくればなおのこと精神的にも身体的にも症状があり、何かと不安定で不確実な要素がある。また、担当医と相性が悪ければ、他の医者にかかることは自由であり、それも患者の権利であろう。但し、医学に絶対はなく、患者側の選択も広くはない。
　病人の行為システムが大枠で神、自然、人体とサイクルをなすように4つの枠組み同士を相互の信号で調節する。そのため、病人→神→自然→人体→病人というサイクル（または逆回り）の中にも必ず解決すべき問題がある。このサイクルは、病人→神が信仰、神→自然が自然の理解、自然→人体が環境の適合性、人体→病人がエネルギーを信号にする。因みに、病人と自然及び神と人体がクロスすれば、前者の解決すべき問題は知覚能力となり、後者は美的判断になる。（高城2002）
　ハントケの母マリアの場合、旅行をしても気分転換にはならず、つまり自然と人体の適合性に問題があり、また強い精神病

のためエネルギーの調節がうまくできない。躁うつがみられる気分障害の患者は、その辺が総じて問題解決の鍵になる。可能な限り問題解決を試みれば、パーソンズが取り上げた人間の条件、不確実性と人間の自由は、病人としての行為者に該当する。

5　シナジーのメタファーからメゾを比較する

　元来、シナジーのメタファーのシステムにおいて、メゾのエリアには購読脳と執筆脳からなる3Dの箱が溜まっていく。行為者が何か判断する際に依拠する価値基準に基づいたパーソンズのパターン変数の分析方法を適用しつつ、執筆脳も交えたシナジーのメタファーに関し比較検討してみよう。データ分析者の活動としてグローバル（G）とローカル（L）の調節がどの程度なされているであろうか。

　シナジーのメタファーは、縦が購読脳で横が執筆脳になるLのフォーマットを作り、各場面をLに読みながらデータベースを作成し全体で組の集合体を作る。そして脳の活動がマージするように信号のパスを調節しながら、自分でシナジーのメタファーを整える。（花村2022、花村2023、花村2024）

表4　シナジーのメタファーとL/G＋パターン変数

作家名	シナジーのメタファー	L/G 分析	パターン 変数
三浦綾子	「道ありき」の購読脳は虚無と愛情、執筆時の記憶に肺病による虚しい思いがあったため、執筆脳は、虚無とうつにする。シナジーのメタファーは、三浦綾子と虚無である。	L	パーソナリティ 関係
井上靖	「わが母の記」は、購読脳の出力を認知症と適用能力にし、人間関係や出来事の細やかな描写が作者の持ち味のため、執筆脳は、記憶と連合野のバランスにする。シナジーのメタファーは、井上靖と連合野のバランスである。	L + G	社会関係
幸田文	「父」の死を見送る記録は、誠実と心の記録という購読脳になり、嘘のない真心から執筆脳は、偽りのない記録と誠意にする。シナジーのメタファーは、幸田文と誠実さである。	L	パーソナリティ 関係
魯迅	「狂人日記」の購読脳は、狂人と被害妄想で、執筆脳は、非線形性と初期値敏感性にする。シナジーのメタファーは、魯迅とカオスである。	L + G	社会関係
ハントケ	*Wunschloses Unglück* の購読脳を母の半生と精神疾患にし、執筆脳を記憶と感情にする。また、母マリアの精神疾患はもちろん、作者自身も感情の表出を余儀なくされたため、シナジーのメタファーは、ハントケと感情の縺れにする。	L	パーソナリティ 関係

　一般的に文学の研究は、何かの分析、直観そして専門家のまとめという形で思考が流れていく。購読脳のこの流れを執筆脳にも適用し、縦横の信号の流れを合わせる形でシナジーのメタファーが形成される。

　ここで作家の執筆脳がデータ分析者の活動として通用するかどうか考える。三浦綾子は、日々の症状や検温そして病院での検査を分析しつつ自分の精神の症状を分析しているため、ローカルが強い。井上靖は、実母の認知症が重症化していく様子を

経過観察調にまとめているため、終末期を認知症で過ごす患者全体（グローバル）に適応できる。また、幸田文は、父露伴の終焉の様子を介護者の立場から分析しているため、ローカルが強い。

魯迅は、当時の中国で蔓延（グローバル）していた精神的な病を文章で治療するため、狂人の言動を中心に被害妄想から覚醒について専門家として説明している。さらにハントケは、特殊な環境にいる実母のうつ病の重症化について記憶を辿りながらまとめているため、ローカルが強い。グローバルとローカルの違いはあれど、何れも分析者の活動になっている。

一方、パターン変数でみると、パーソナリティに関する分析（三浦綾子）には、感情性－感情中立性と限定性－無限定性の組み合わせが、社会関係の分析（魯迅）には、普遍主義－個別主義と業績本位－所属本位の変数が使用される。勿論、双方のシステムは、相互依存の関係にあり、この関係を取り持つパターン変数は、集合体志向－所属志向である。

図3　パターン変数の類別

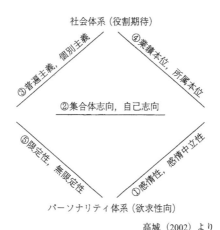

高城（2002）より

例えば、パーソナリティと関連する分析で関係的報酬を考える。自我にとって有意味と思われる他我から与えられる好意的態度のことである。どんな態度が重要でその報酬がどんな行為に与えられるかが社会的にみて大切だからである。

図4　関係的報酬の分類

	限定性	無限定性
感情性 （表出的志向）	受容性－反応性	愛　情
感情中立性 （道具的志向）	是認・賞賛	尊重・尊敬

高城（2002）より

　三浦綾子でみると、虚無の生活に陥ったときに前川正から聖書を渡された。これは、重要な報酬であり、受容性－反応性という類型である。同時に特定の他我が無限定的な感情的行為を許容する報酬であり、愛情ともいえる。また、腎臓結核の手術歴がある三浦光世という男は、綾子を励まし必ず治るといってくれた。病気を気づかう限定的な報酬で是認・賞賛の類型といえる。そして包括的な判断で婚約結婚となり、無限定性を帯びてくる。尊重・尊厳の報酬である。

　また、魯迅でみると、当時の中国で生まれや家柄はあまり意味がなかった。しかし、民族違いで人種差別はあった。これは、普遍主義の業績本位によるパターンである。また、内戦のため敵味方が絶えず問題になり、普遍主義の所属本位によるパターンもあった。

図5　社会システムの類型

	業績本位	所属本位
普遍主義	アメリカ合州国	旧ドイツ
個別主義	旧中国 （日本）	スペイン系 アメリカ人社会 （ラテンアメリカ）

高城（2002）より

　個別主義で業績本位のパターンは、封建社会の旧中国にみられた。科挙試験では、業績本位であるも親族単位の連帯を強調し、祖先との連続性が重要であった。個別主義で所属本位のパターンは、家族内の人間関係に明示されている。親子や兄弟という所属本位の関係から個別主義の人間関係を繰り広げるのは、家族だからである。これは、「狂人日記」でも然りである。

　表4に関し、L+G分析とパターン変数は、Lとパーソナリティが組になり、Gと社会関係にも関連がある。また、シナジーのメタファーが感情の類だと、Lとパソナリティの組につながり、それ以外の場合は、L+Gと社会関係に概ねつながる。

　先にも示したように、パーソンズも21世紀を見据えてグローバル化とローカル化が人間の条件として同時に進行しているとした。私の場合も、研究生活40周年の現状で人文からマクロの文学分析を比較と共生で考えておけば、今後の展望も見えてくる。

6　まとめ

　メゾに溜まったデータを束ねて比較する方法としてパーソンズによる医療社会学の分析を試みた。ボトムアップによる考察は、仮定や推論が基本であり、今回は、個々に病跡学をメンタルヘルスから分析した小説を取り上げ、病人としての行為者とか人間の条件としての不確実性や人間の自由という秩序について考えた。

シナジーのメタファーの考察も次第に狭義と広義の双方を同時に説明できるようになってきた。狭義の意味でそれぞれの作家の購読脳を調節し、広義の意味で束ねるリボンとして医療社会学からトップダウンでメゾのデータを比較した。比較の分析を濃くするために各小説のデータベースからの数字をどこかで検討したい。

束ねるリボンは、まずリスク社会学と観察社会学がきて、次に医療社会学になった。リスクは集団、観察は個人、そして医療は一般であり、さらに数理社会学などによる考察があれば、人文、社会、理工、医学からなるシステムにつながり、今回の考察が全体でバランスの取れたものになっていく。

一次文献

井上靖　わが母の記　講談社文庫　2012.

幸田文　父　新潮文庫　1994.

三浦綾子　道ありき（青春編、結婚編、信仰入門編）新潮文庫　2004.

魯迅　狂人日記　魯迅简约文集　民族出版社　2002.

Peter Handke　Wunschloses Unglück　Suhrkamp　2019.

二次文献

大澤真幸・編集委員　現代社会学辞典　弘文堂　2012.

高城和義　パーソンズ　医療社会学の構想　岩波書店　2002.

花村嘉英　从认知语言学的角度浅析鲁迅作品－鲁迅をシナジーで読む　華東理工大学出版社　2015.

花村嘉英　日语教育计划书－面向中国人的日语教学法与森鸥外小说的数据库应用　日本語教育のためのプログラム－中国語話者向けの教授法から森鴎外のデータベースまで　南京東南大学出版社　2017.

花村嘉英　从认知语言学的角度浅析纳丁・戈迪默－ナディン・

ゴーディマと意欲　華東理工大学出版社　2018.

花村嘉英　シナジーのメタファーの作り方－トーマス・マン、魯迅、森鴎外、ナディン・ゴーディマ、井上靖　中国日语教学研究会上海分会论文集　2018.

花村嘉英　三浦綾子の「道ありき」でうつ病から病跡学を考える　中国日语教学研究会上海分会论文集　2021.

花村嘉英　計算文学入門（改訂版）－シナジーのメタファーの原点を探る　ブイツーソリューション　2022.

花村嘉英　小説をシナジーで読む－魯迅から莫言へ　シナジーのメタファーのために　ブイツーソリューション　2023.

花村嘉英　小説をシナジーで読む－森鴎外から川端康成へ　データベースと病跡学に備えて　ブイツーソリューション　2024.

第2章

老年社会学の観点からマクロに文学を考える
ライフサイクル、幸福感、行動心理学

1 はじめに

　高齢化社会を迎えた昨今、老人にまつわる問題は、毎日どこかで耳にする。介護、福祉、相続、経済など個人から法人そして社会へと広がる一大問題になっている。日本の場合、65歳から前期高齢者、75歳から後期高齢者で、健康寿命は、男が72歳、女が75歳、平均寿命は、男が81歳、女が87歳である。将来的に健康寿命は上がるとしても、平均寿命は一歳ずつ下がる可能性がある。

　健康でいられるうちは、第二の人生でも大いに活躍することが望まれる。趣味を伸ばす、勉強して研究に従事する、何でもよい。しかし、人間の身体は、加齢や疲労そして怪我などにより次第に衰えてくる。本人のみならず周囲の人の心配も増えてくる。老人と周囲の人たちが抱える問題を解決するためにどのようなことができるのか、この小論では老人問題を扱っている小説を用いてその世代を対象にした3つの研究分析を考える。高齢者ともなれば、生涯を自分史のようにライフサイクルとして振り返えりつつ、幸福感があればありがたい。また、現役世代と同様、行動心理学にもこの世代特有の特徴がある。

　今回は、アナトール・フランス（1844-1924）の*Affaire Crainquebille*「クランクビーユ」（1901）からフランスのパリで生まれ育った老商人に関し、ライフサイクル、幸福感、行動心理学といった側面で老人にまつわる問題を考える。さらにフランソワ・モーリャック（1885-1970）の*Génitrix*「母：ジェニトリックス」（1923）では認知症の症状がある高齢の母を同じ視点から捉え、ペーター・ハントケ（1942-）の*Wunschloses Unglück*「幸せでないが、

116

もういい」（2019）からうつ病の母を守る親子の絆を分析する。

　日本文学については、幸田文（1904–1990）の「父」を引いて臨終間際の父幸田露伴と終末期の在宅介護について考える。同じ小説でも角度を変えて読むと、分析例が増えて濃くなるものである。

2　ライフサイクルの分析

　青井（1997）は、個人中心主義と社会中心主義の発達概念を対置し、後者の枠組みでライフサイクルについて分析した研究例を紹介している。エリク・エリクソン（1902–1994）によるこうした研究は、発達段階が8つあり発達課題ごとに達成時の徳性と失敗時の結果を説いている。ここでのキーワードは、アイデンティティ（自我同一性）とインテグリティ（自律的な規範）そしてライフパニック（不測の出来事）である。

表1　ライフサイクルの徳性と結果

ライフサイクル	達成時の徳性	失敗時の結果
1 乳児期	基本的信頼→希望	基本的不信
2 幼児期	自律性→意思	恥、疑惑
3 幼年期	自主性→目的	罪悪感
4 少年期	勤勉性→適格	劣等感
5 青年期	アイデンティティ→忠誠	アイデンティティの混乱
6 前成人期	親密→愛	罪悪感
7 成人期	生殖・生産性→世話	停滞性
8 老年期	インテグリティ→英知	絶望

青井（1997）より

　ここではアイデンティティに関し出生から青年期の終わりまでと初老期から死亡までとが対照的な特徴を持っている。アイデンティティとは、人格の同一性のことである。つまり、ある人の一貫性が時空的に他者にも認められている。出生から青年期の終わりまでは、身体の成長、社会への関心の拡大、将来に

向けた展望の獲得、初老期から死亡までは、身体の衰え、社会への関心の縮小、将来に向けた展望の喪失が特徴になる。死が近づくにつれて乳幼児同様、生活圏は、家庭と身内の者に限られ、逆母子関係といわれる介看護者に依存し、味覚も幼児期に戻り足から衰え手も弱くなる。老年期は、アイデンティティの再定義があってもよい。

　インテグリティとは、高い道徳や原則を持って誠実に立ち振る舞うことであり、自律的な規範のことである。乳幼児の基本的信頼から始まって成人期の生殖・生産性までを踏み越えて到達すべき総合的な境地である。英知とは長い人生の旅路の累積的な結果である。対語のコンプライアンスは、他律的な規範、法律を意味し組織や社内のルールを指す。

A　アナトール・フランスのクランクビーユは、路上で靴屋のお上さんのお代を待っている間、巡査の思い違いにより警察に連行され、ライフパニックに陥った。弁護士による調整はあるも総合的な英知の境地に至ったというわけではない。司法の裁きは何とか乗り切ってもモンマルトル通り全体がそっぽを向いてしまった。(Toute la rue Montmartre ne le père Crainquebille connaissait plus. 54) ライバルの商人の車に婦人たちが集まる。クランクビーユの心は、張り裂けた。(A ce spectacle le cœur de Crainquebille se déchira. 54) 絶望である。

　自分の人生で最大のライフパニックは、仕事に関するトラブルである。ライフパニックに対する準備としては、コミュニケーションを深め万一の時に助け合える人間関係を保つことである。人を軽蔑することは決してなかった。(il ne meprisait personne. 56) しかし、お得意客に向かって我を忘れすれっからしの糞婆と叫んでしまう。(Mais il était hors de lui. Il donna par trois fois a cliente les noms de dessalée et de charogne. 56)

B　モーリャックのフェリシテ・カズナヴァは、息子の嫁が流産後に亡くなり、給仕女による世話があるも、息子を取り戻したと

ころで幸福感などはなかった。母親として50歳の息子が心配でこの地方で病気と死を意味する「お前食べないんだね」を繰り返す。（Narvée, elle ce "tu ne manges pas" qui dans la lande annonce la maladie et la mort. 70）時には挑むような態度を示す。生活圏は身内だけである。哀れな叫び。この老婆も総合的な英知の境地に至ったというわけではない。

　ライフパニックに対する準備はどうであろうか。老婆は、自分がいないと息子はダメになるというも、彼女なしで息子は平穏である。息子の偏食をなくそうと無理して自分も肉を食べる。（Elle se gavait de viandes rouges. 108）しかし、多くの女は、役に立たないという絶望のために死ぬ。夕食後、頭を垂れ口を開けて鼾をかくようになる。（aprés le diner, sa mere tombait et ronflait laidement. 124）冬の終わりのことである。（Elle mourut au declin de l'hiver. 128）

Ｃ　ハントケの母は、異性関係や家族の問題が気分障害の病前性格に絡む精神的な症状を生み、将来のうつ病の引き金になった。大都市の生活に可能性はなかった。オーストリアの田舎で暮らす（Sie wohnte wieder in ihrem Geburtshaus. 43）も生活は苦しく、出産と堕胎が気分障害の発症の原因になった。マリアの場合、気分障害でも躁うつ双方の症状がある。その後、病気になり考えもまとまらない。英知の境地ではないが、本を読み一応自身のことを語るまでになる。彼女の関心は政治、特に社会主義である。（Nun interessierte sie sich auch für die Pokitik, wählte die Sozialisten. 61）しかし、個人的な支えにはならない。他に趣味はない。

　ライフパニックに対する準備はどうであろうか。精神科に行くと、精神虚脱といわれて旅行を勧められ、ユーゴスラビアへ行く。（Sie fuhr zu einem Nervenarzt in der Landeshauptstadt. Der Arzt nickte, was sie sagte und ordnete mit einem Übernamen - Nervenzusammenbruch - in ein System ein. Im Hochsommer fuhr sie für vier Wochen nach Jugoslawien. 72）確かに刺激の少ない環境で静養することは好ま

しい。しかし、旅は功を奏さず、再び薬に溺れる。自殺を考え、部屋に引きこもるようになる。死への憧れが日に日に強くなった。絶望である。ある日、マリアは、知り合い全員に別れの手紙を書いてから睡眠薬と抗うつ剤を大量に服用し、51歳で自殺した。（Sie schrieb an alle ihre Angehörigen Abschiedsbriefe. Sie besorgte sich etwa hundert kleine Schlaftabletten und nahm alle Schmerztabletten, mischte ihre sämtlichen Antidepressiva darunter. 79）

D　幸田文の「父」は、葬式が済むと写真の父が天国に旅立つかのように、父の有名な俳句を引いて生前の恩を確かめている。第一回文化勲章の受賞者である幸田露伴は、成熟（老年）期の達成時の徳性がインテグリティであり、娘の幸田文も誠実が習性で嘘のない真心に特徴がある。

　ライフパニックに対する準備はどうであろうか。露伴の死を見送る記録小説の山場は、まもなく訪れる死の宣告の場面である。夏に臨終を迎え、文が喪主を務めた葬式の内容も描かれている。父の命は、作者を放すことがなかった。露伴もさること周囲にいる介護者も用意周到に現実を受けとめている。

表2　アイデンティティとインテグリティ

小説	ライフパニック	社会への関心の縮小	将来の展望の喪失	身体の衰え	逆母子関係	最後口だけ	総合的な英知
A	強い	弱い	強い	普通	弱い	強い	普通
B	普通	普通	普通	強い	強い	普通	弱い
C	強い	普通	普通	強い	普通	なし	普通
D	普通	普通	普通	強い	普通	普通	強い

　表2にあるアイデンティティからインテグリティまでを調べてみると、Aは個性が強いため強弱があり、Bは月並みな老婦人のため普通が多く総合は弱い。Cは精神病のため強い波があり、Dは歴史上の人物ゆえに普通と強いになる。

3　幸福感の分析

　世界の屋根といわれるインドの北部に連なる山岳の国ブータンは、幸福度で世界のトップクラスにあるという。人間は、幸福に満たされれば、自ずと幸福感に溢れた生活を送ることができる。幸福感とは、安定した持続的で穏やかな心理状態のことである。お金のような物質的な富だけでは幸福感は得られず、健康や良好な人間関係に恵まれて初めて達成されるものである。

　また、援助活動も自身の人生に価値を見出し、自己評価を高めることができるため、肯定的な気分を獲得できる。無論一時的ではなく継続することに意味がある。援助活動は、援助される相手の感情と援助活動を行う自分自身の感情の両方にとても良い効果を与える行動である。お年寄りの荷物を持ってあげたり席を譲ってあげることも自己評価を高めることにつながる。

　幸福感について特に老年世代を対象にした研究がある。主観的幸福感である。（副田1997）この種の研究が増えた理由は、二つある。医学の発展が基礎科学の枠組みで限界があり疾病や障害を治療し軽減させるだけでは、老年の生活水準を向上させることが難しい。また、衣食住は満たされていても人間の尊厳という見地から生活の質を充実したものにする必要が生まれた。主観的幸福感を測定する実験でみると、次のような質疑応答がある。正解は、ボールド体である。

表3　主観的幸福感の測定

	質問文	正解
1	自分の人生が年齢とともに悪くなっているか。	**Y**N
2	去年と同じように元気だと思うか。	**Y**N
3	寂しいと感じることがあるか。	**Y**N
4	最近になり小さなことが気になるか。	**Y**N
5	家族、親戚、友人との行き来に満足しているか。	**Y**N
6	年齢とともに役立たなくなったと思うか。	**Y**N
7	心配や気がかりで不眠になることがあるか。	**Y**N
8	年をとることは若い時に考えていたよりよいと思うか。	**Y**N
9	生きていても仕方がないと思うことがあるか。	**Y**N
10	若い時と同じように幸福だと思うか。	**Y**N
11	悲しいことがたくさんあると思うか。	**Y**N
12	心配なことがたくさんあるかどうか。	**Y**N
13	以前より腹を立てる回数が多くなったか。	**Y**N
14	生きることは厳しいことだと思うか。	**Y**N
15	今の生活に満足しているか。	**Y**N
16	物事をいつも深刻に考えるか。	**Y**N
17	心配事があるとおろおろする方か。	**Y**N

副田（1997）より

　老人問題を題材とする小説で表3の実験を試してみよう。読者の方にも好きで読んでいる小説を用いて同じような実験をしてもらいたい。正解率にはバラツキがみられる。

A　*Affaire Crainquebille* を例にして表3を考える。青物商人のクランクビーユは、はたして幸福感で満たされているのであろうか。50年近くこの仕事をしていたことから満たされていると仮定する。但し、警察官との口論から刑務所に連行され独房に入る。出所後は青物商人として活躍する気力もなく酒に溺れる。

　表3についてみると、YES　1、3、6、9、11、13、14、NO　2、4、5、7、8、10、12、15、16、17となる。正解は、3、4、7、

12、16、17である。正解率が6／17で0.35のため、幸福度は低い。

B　*Génitrix*の場合はどうであろうか。息子夫婦と暮らすも姑の
フェリシテ・カズナヴァは、嫁のマチルドが気に入らない。マ
チルドが流産で死ぬ。母は、彼女の死を防ごうとしたのであり、
殺したのではないという。37年前に夫と死別し、50歳の息子
フェルナンが心配である。老婆は、ずんぐりと太っており、この
地方で病気と死を意味する「お前食べないんだね」を繰り返す。
高血圧で摂食が必要であり、日常生活でも日々ぼんやりしてい
る。認知症の症状がある。
　表3についてみると、YES　1、3、6、9、15、NO　2、4、5、
7、8、10、11、12、13、14、16、17となる。正解は、3、4、7、
13、14、15、16である。正解率が7／17で0.41のため、幸福度で
みると、普通よりマイナスである。

C　ハントケの母の場合は、若いころから家庭内で葛藤を抱え、
男とも愛憎定まらぬ関係になり、幸福感からは程遠い。異性関
係や家族の問題が気分障害の病前性格に絡む精神的な問題にな
り、将来のうつ病の引き金と読み取れる。旅をしても功を奏さ
ず、再び薬に溺れる。自殺を考え、部屋に引きこもるようにな
る。死への憧れが日に日に強くなる。
　表3についてみると、YES　1、3、6、7、9、11、12、14、16、
17、NO　2、4、5、8、10、13、15、となる。正解は、3、4、
11、13、15となる。正解率が5／17で0.29のため、幸福度でみる
と、かなり低い。

D　幸田文の「父」を例にして表3を考える。記録小説は、父と
過ごした楽しい日々が綴られるも、晩年ともなれば、父の死は、
避けられない。医者もさること多くの知人が家に出入りする。
7月末に臨終を迎え、その葬式で作者が喪主を務めた。無論、
健康なときも介護のときもやるだけのことはやっており、別れ
に際し思慕の情はそれほど強くない。

123

表3についてみると、YES　1、3、5、6、10、14、15、NO　2、4、7、8、9、11、12、13、16、17となる。正解は、3、4、5、7、9、10、12、13、15、16、17である。正解率が11／17で0.65のため、幸福度でみると、偉人ゆえに概ねプラスになる。

表4　正解率

小説	正解率とコメント
A	正解率は0.35。幸福度は低い。YESの該当項目は、加齢のため誰もが思い当たる。NOは、やはり加齢が理由で該当する。
B	正解率は0.41。幸福度は、普通よりマイナス。YESの該当項目は、加齢と息子との生活で思い当たる。NOは、やはり加齢が理由で該当する。
C	正解率は0.29。幸福度は、かなり低い。YESでの該当項目は、気分障害など精神の症状が強い。NOは、加齢と精神病のため該当する。
D	正解率は0.65。幸福度は、概ねプラス。YESでみると、実績からやり切った感がある。NOは、加齢が理由で該当する。

　高齢者ゆえに該当する項目はいたしかたない。加齢以外に症状が強い場合、幸福度は低くなる。高齢者の幸福とは、終末期になっても緩やかに下ることであり、人生やり切ったと思えることではないか。

4　行動心理学の分析

　行動心理学は、人間の行動に着目して目に見えない心を科学的に証明する学問である。つまり、行動と心理状態の関係性が重要になる。人や動物の行動を分析して原理や法則を見出す行動分析学に比べ、心理からの影響が強い。ここでは特にコミュニケーションから見えてくる人間の心理を読み解く方法を考える。人間の本質や性格傾向が見えてくるためである。

表5　行動心理学の例

行動心理学の例	効果	説明
1 返事が表す人間の心模様	+効果	すぐに返事ができれば自信がある。好感が持たれ、不安度に差があるも会話が増える。
	−効果	すぐに返事ができなければ自信がない。不快感を与える。初対面であれば不安で会話は少なめ。
2 名前を呼ぶ心理効果	+効果	名前を呼ぶならば、愛情の確認ができ、快感情が生まれる。
	−効果	名前を呼ばなければ、愛情の確認がなく、関係ギクシャク。
3 声が与える印象	+効果	高くて明瞭な声ならば、好かれる声。男性であれば、優しくて美しい、生き生きした高慢な声。女性であれば、外交的で明くて活発な印象になる。
	−効果	低くて不明瞭な声ならば、好かれない声。男性であれば、冷たく陰湿な声。女性であれば、内向的でおとなしいイメージ。話すのが遅ければ、マイペースでおっとり型。早ければ、せっかちですぐイライラする。ことば使いが悪ければ、粗暴な人。
4 協調と競争のバランス	+効果	社会的比較は、実力拮抗の人間同士で競った方が成績が良くなり、実績が近ければ、高齢者は、心が穏やかになる。
	−効果	使い方を間違えると水と油で行為がかみ合わないこともある。比較が適切かどうか考える。

　コミュニケーションをとるときに大切なのは、相手に不快な感情を与えないことである。誰かに愚痴を聞いてもらうと心が軽くなる一方、相手はその人の不快感情を共有することになる。最初は受け入れてくれても、次第に負担を感じその人とのコミュニケーションを避けるようになる。小説の中で声が与える印象は、どのような効果が期待できるであろうか。そこには社会的な比較が見えるであろうか。協調と競争の正しいバランスを見つけるには、ガードを緩めつつ自身をしっかり守る必要がある。

A　クランクビーユは、夜の街を歩きながら初対面の巡査に裁判のきっかけになった「犬め」ととまどいがちに低い声（3−）でいって、ことばの効果を待った。飲んだくれでことば使いが悪く（3−）粗暴なところがあり（3−）、人を名前で呼ばない（2−）ため愛情は薄い（2−）。巡査とは初対面（1−）ということもある。巡査は、悲しそうな労わるような蔑んだ表情で、勤務中で堪えているときにくだらぬことで誇るもんじゃない、といってあしらう（2−）。一方、青物売りのときは客寄せのため大きくて明瞭な声をだす（3＋）。

分析　青物の代金を待っているときに街中車が立ち往生し、思い違いの理由で拘留され裁判にまでなり、出所後はすっかり飲んだくれになる老いた青物商人に関する行動心理学の分析は、マイナスの効果の方が大きい。そのため比較でみると同業の商人よりも劣っている（4−）。

B　嫁のマチルドの死を老婆のせいとするフェルナンは、顔を覆いながら叫ぶ（3−）。無論、母親のフェリシテも不快感から憤然と言い返す（1−）。親子の間で相手に不快な感情を与えないという配慮は薄い（1−）。しかし、「お前食べないんだね」といって（3−）息子の健康を心配して肉を食べたりする。でも名前は呼ばず（2−）関係はギクシャクしている（4−）。夕食後転寝をして鼾をかいていた老婆も中風になり目が血走り食いつきそうである。認知症も患う老人の分析例として老婆フェリシテを加えることはできる。

分析　老婆フェリシテ・カズナヴァに関する行動心理学の分析は、マイナスの効果の方が大きい。親子の関係は、他者と比べて良くも悪くもなく中立である（4＋/−）。

C　ハントケの母は、ベルリンからオーストリアの田舎に転居後、家族の支えもあり、夫が彼女を殴っても、彼女はそれを笑

い飛ばした（1＋）。しかし、気分障害で躁うつである（3－）。名前を呼んだ（2＋）としても、村での生活は苦しく（4－）、愛情は確認できない（2－）。旅行を勧められ、ユーゴスラビアへ行くも、旅は功を奏さず（3－）、再び薬に溺れる。自殺を考え、部屋に引きこもる（3－）ようになる。

分析　異性関係や家族の問題そして出産と堕胎により気分障害になり、躁うつで会話が少なく、声から好意を抱かれることはない（3－）。そして病気がつきまとう。ハントケの母の行動心理に関する声の分析は、マイナスの効果の方が大きい。他の家族と比べると相性や貧窮など問題が多く散々である（4－）。

D　幸田文の「父」には、露伴の終活ケア、掃除にまつわる露伴の教え（3＋）、やらせてみる、やってみる、もう一度やらせるがある。水が好きな露伴（3＋）、雑巾がけや掃いたり拭いたり、ケチを嫌う露伴家の日常が描かれている（3＋）。自分でやるときは、ぶつぶついい（3－）、やらせるときは、命令調（3－）である。鉈の扱い、雑草取り、これらも露伴の優しい愛情のこもった教えがある（2＋）。父娘で歌がるたの遊びもある（2＋）。正月の家族の様子（2＋）もある。句の話になると父娘ともに機嫌がよい（1＋）。小説家露伴、学究露伴である。

分析　露伴家の日常では露伴が主であり、露伴の教えが家中に溢れている。露伴の行動心理学に関する分析は、プラスの効果の方が大きい。他の家族に比べると明るくて朗らかなため上級の家庭である（4＋）。

5　比較の分析

　高齢者を題材にした小説のうち比較的有名なものを選択している。今回は、老年社会学に関しライフスタイルや主観的幸福感さらには平易な行動心理学について分析した。これらをつな

げて老人の生活水準や質を調べ、長い人生の総合的な評価とか行動分析から取れる原則のうち心理からの影響が強い行動について考えた。

表6　比較の分析

	主観的幸福度	ライフパニックに対する準備	行動心理学	社会的な比較
A	普通	総合的な英知に至らず。	マイナスの効果大。	同業者よりも劣る。
B	普通のプラス	総合的な英知に至らず。	マイナスの効果大。	普通
C	低い	個人的な支えがなく絶望となる。	マイナスの効果大。	散々な家庭。
D	概ねプラス	インテグリティから英知に至る。	プラスの効果大。	上級の家庭。

　4つの小説を比較してみると、差が大きいのは、ライフパニックに対する準備と社会的な比較である。人生経験が豊富になるにつれ総合的な英知に至れば、その人は、生涯を通じて誠実であり、英知に至らなければ、それほどでもない。社会的比較は、使い方を間違えないように比較の適性も考慮すること。

　また、行動心理学の分析は、マイナスの効果の方が大きい。老年世代にもなると、総じてプラスの効果は期待できない。社会的に他者と比較すると、普通でも良いほうである。そのため幸福度で見れば、普通でよいとしたい。

6　まとめ

　病跡学の比較として医療社会学と共に老年社会学を扱った。何かと身体なり精神なりに症状がある世代ゆえにクロスするテーマでリンクを張りながら様々な問題点を分析することができる。今回は、比較的メンタルな症状に焦点を当てて考えた。ライフサイクルでは達成時の徳性と失敗時の結果について、幸福

感では主観的な幸福感について、行動心理学では心理からの影響が特に強い行動と心理状態の関連性について分析した。今後はさらに高齢者の分析に値する研究方法を追及しながら、老人を題材にした小説を調べていく。目指すはデータサイエンスであり、ビッグデータを目指して取り組んでいきたい。

一次文献

Anator France Affaire Crainquebille（「クランクビーユ」山内義雄訳）Wikisource 2014.

François Mauriac Génitrix（「母：ジェニトリックス」荻原弥彦訳）Grasett 1923.

Peter Handke Wunschloses Unglück Suhrkamp 2019.

幸田文 父 新潮文庫 1994.

二次文献

青井和夫 白秋・玄冬の社会学 現代社会学13 成熟と老いの社会学 岩波書店 1997.

アダム・ガリンスキー／モーリス・シュヴァイツァー 競争と協調のレッスン（石崎比呂美訳）TAC出版 2018.

中川真梨子 行動心理士資格取得講座 キャリアカレッジジャパン 2022.

花村嘉英 医療社会学から文学をマクロに考える－データ分析者としての作家の役割について 私の病跡学 ブイツーソリューション 2024.

副田義也 老年社会学の展望と批判 現代社会学13 成熟と老いの社会学 岩波書店 1997.

【補説1】 文学と計算のモデル

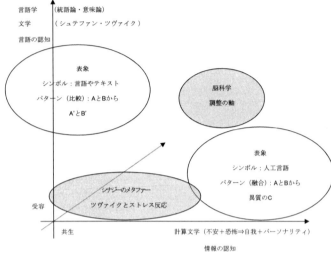

図1　3Dの箱

①　縦軸は、小説の購読からなる言語の認知、横軸は、作者の脳の活動を探る情報の認知、そして奥軸は、双方を調節する論理ベースの脳科学である。

②　縦は解析のイメージであり、横は生成のイメージである。表象とは、知覚したイメージを記憶して心で再現する人間の精神活動のことである。例えば、意識、記憶、感情、思考、判断といった精神活動は、脳が生み出している。また、シンボルは知覚するものであり、パターンはその処理に当たる。

③　縦横のテーマには、Thomas Mann、魯迅、森鴎外、Nadine Gordimer そして川端康成さらには英独中日仏といった東西の言語や文化の比較、リスク回避と意思決定による作家の脳の活動や知的財産などがある。

④　このモデルの役割は、A（人文）＋B（認知）の解析イメージ
（不安＋恐怖）とB（認知）＋C（脳科学）の生成イメージ
（自我＋パーソナリティ）をまとめることにある。情報の流れ
は、AとBから異質のCに到達後、解析のイメージにリターン
する。

⑤　3Dの奥軸は、Microsoft Bingや百度のような検索エンジン
に執筆脳の組み合わせを入力し、人工知能に見立てた連想検索
から追跡可能である。3Dの箱には、バラツキなどの統計処理か
ら数字が溜まり、箱の数が増えることでクラウドからの指令に
よりランダムなマクロのまとめが可能になる。

【補説2】 シナジーのメタファーのプロセス

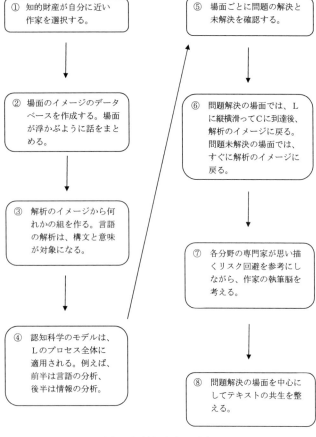

図2　解析と生成の融合

①、②、③は、受容の読みのプロセス、④は、認知科学の前半と後半、⑤、⑥は、異質のＣとのイメージ合わせになり、⑦で作家の脳の活動を探り、⑧でシナジーのメタファーに到達する。データベースの作成については、これらが全て収まるようにカラムを工夫すること。

①　一文一文解析しながら、選択した作家の知的財産を探っていく。例えば、受容の段階で文体などの一般的な読みを想定し、共生の段階で知的財産にまつわる異質のＣを探る。この作業は、②と③でも行われる。

②　場面のイメージが浮かぶようなデータベースを作成する。

③　テキストの解析を何れかの組にする。例えば、トーマス・マンならばイロニーとファジィ、魯迅ならば馬虎と記憶という組にする。組が見つからなければ、①から③のプロセスを繰り返す。

④　認知プロセスの前半と後半を確認する。

⑤　場面の情報の流れを考える。問題解決と未解決で場面を分ける。

⑥　問題解決の場面は、異質のＣに到達後、解析のイメージにリターンする。問題未解決の場面は、すぐに解析のイメージにリターンする。こう考えると、システムがスムーズになる。

⑦　各分野のエキスパートが思い描くリスク回避と意志決定がテーマである。緊急着陸、救急医療、株式市場、環境問題などから生成のイメージにつながるようにリスク回避のポイントを作る。そこから、作家の意思決定を考える。

⑧　これにより作家の脳の活動の一例といえるシナジーのメタファーが作られる。トーマス・マンとファジィとか魯迅とカオスそして森鴎外と感情や川端康成と認知発達というシナジーのメタファーは、テキストの共生に基づいた組のアンサンブルであり、文学をマクロに考えるための方法である。

【補説3】 シュテファン・ツヴァイクの*Angst*から見えてくる バラツキについて

1 簡単な統計処理

1.1 データのバラツキ

　グループa（5、5、5、5、5）とグループb（3、4、5、6、7）とグループc（1、3、5、7、9）は、算術平均がいずれも5であり、また中央値（メジアン）も同様に5である。算術平均やメジアンを代表値としている限り、この3つのグループは差がないことになる。しかし、バラツキを考えると明らかに違いがある。グループaは、全てが5のため全くバラツキがない。グループbは、5が中心にあり3から7までバラついている。グループcは、1から9までの広範囲に渡ってバラツキがみられる。グループbのバラツキは、グループcのバラツキよりも小さい。

　次に、グループd（1、1、4、7、7）とグループe（1、4、4、4、7）だと、どちらのバラツキが大きいことになるのであろうか。グループdは、中心の4から3も離れた所に4つの値がある。グループeは、中心に3つの値があって、そこから3離れたところに値が2つある。

　バラツキの大きさを定義する方法で最も有名なのがレンジと標準偏差である。レンジは、グループの最大値から最小値を引くことにより求めることができる。グループdは、7−1=6で、グループeも7−1=6となる。レンジだけでバラツキを定義すれば、グループdとグループeは同じことになるが、グループ内の最大値と最小値だけを問題にするため、他の値が疎かになっている。そこでもう一つのバラツキに関する定義、標準偏差について見てみよう。

1.2 標準偏差

　標準偏差は、グループの全ての値によってバラツキを決めていく。グループの個々の値から算術平均がどれだけ離れている

のかによって、バラツキの大きさが決まる。

　グループd（1、1、4、7、7）の算術平均は4である。それぞれの値から算術平均を引くと、1－4＝－3、1－4＝－3、4－4＝0、7－4＝3、7－4＝3となる。この算術平均から離れている大きさを平均してやると、バラツキの目安が求められる。しかし、－3、－3、0、3、3を全部足すと0になるため、さらに工夫が必要になる。

　例えば、絶対値をとる方法とか値を2乗してマイナスの記号を取る方法がある。2乗した場合、9、9、0、9、9となり、平均値を求めると、5で割って7.2となる。但し、元の単位がcmのときに、2乗すればcㅤㅤとなるため、7.2を開いて元に戻すと、$\sqrt{7.2\text{c㎡}}$ ≒2.68cmというバラツキの大きさになる。

(1) 標準偏差の公式

$$\sigma = \sqrt{\Sigma(Xi-\overline{X})^2/n}$$

　次にグループe（1、4、4、4、7）について見てみよう。算術平均は4である。それぞれの値から算術平均を引くと、1－4＝－3、4－4＝0、4－4＝0、4－4＝0、7－4＝3となる。この算術平均から離れている大きさを平均すると、バラツキの目安が求められる。しかし、－3、0、0、0、3を全部足すと0になるため、それぞれを2乗して、9、0、0、0、9として平均値を求め、5で割って3.6を求める。

　但し、元の単位がcmのときに2乗すれば、cㅤㅤとなるため、3.6を開いて元に戻すと、$\sqrt{3.6\text{c㎡}}$ ≒1.89cmというバラツキの大きさになる。従って、グループdの方がグループeよりもバラつきが大きいことになる。

　以下では、標準偏差を使用して、シュテファン・ツヴァイクの*Angst*のデータに関するバラツキから見えてくる特徴を考える。

2 場面の連想分析

2.1 データの抽出

作成したデータベースから特性が2つあるカラムを抽出し、標準偏差によるバラツキを調べてみる。例えば、A：五感（1視覚と2それ以外）、B：ジェスチャー（1直示と2隠喩）、C：情報の認知プロセス（1旧情報と2新情報）、D：情報の認知プロセス（1問題解決と2未解決）というように文系と理系のカラムをそれぞれ2つずつ抽出する。

表1

イライラしながらイレーネが帰宅した場面	A	B	C	D
"Was hast du denn? Du scheinst mir so nervös. Und warum nimmst du den Hut nicht ab?"fragte ihr Mann.	1	1	2	2
Sie schrak zusammen, als sie sich neuerdings in ihrer Verlegenheit ertappt fühlte, stand eilig auf, ging in ihrer Zimmer, den Hut abzunehmen, und sah dabei im Spiegel ihr unruhiges Auge so lange an, bis der Blick ihr wieder sicher und fest schien. Dann kehrte sie in das Speisezimmer zurück.	1	1	2	1
Das Mädchen kam mit der Abendmahlzeit, und es wurde ein Abend wie alle anderen, vielleicht etwas mehr wortkarg und weniger gesellig als sonst, ein Abend mit einem armen, müden, oft hinstolpernden Gespräch.	1	1	2	2
Ihre Gedanken wanderten den Weg unablässig zurück und schraken immer entsetzt empor, wenn sie zu jener Minute kamen, in die grauenhafte Nähe der Erpresserin: dann hob sie immer den Blick, um sich geborgen zu fühlen, griff Ding um Ding der beseelten Nähe, jedes durch Erinnerung und Bedeutung in die Zimmer gestellt, zärtlich an, und eine leichte Beruhigung kehrte in sie zurück.	1	1	2	2
Und die Wanduhr, gemächlich mit ihrem stählernen Schritt das Schweigen durchschreitend, gab ihrem Herzen unmerklich wieder etwas von seinem gleichmässigen, sorglossicheren Takt.	1	2	2	1

表2

昼食中に女中が手紙を持ってくる場面	A	B	C	D
Am nächsten Tage, als sie gemeinsam beim Mittagessen saßen - die Kinder hatten eben gestritten und konnten nur mit Mühe zur Ruhe verwiesen werden - brachte das Dienstmädchen einen Brief.	1	1	2	2
Für die gnädige Frau und man warte auf Antwort. Erstaunt betrachtete sie eine fremde Schrift und löste eilig das Kuvert, um schon bei der ersten Zeile jäh zu erblassen.	1	1	2	2
Mit einem Ruck sprang sie auf und erschrak noch mehr, als sie an der einhelligen Verwunderung der anderen das Verräterisch - Unbedachte ihres Ungestüms erkannte.	2	2	2	2
Der Brief war kurz. Drei Zeilen:"Bitte, geben Sie dem Überbringer dieses sofort hundert Kronen." Keine Unterschrift, kein Datum in den sichtbar verstellten Schriftzügen, nur dieser grauenhaft eindringliche Befehl. Frau Irene lief in ihr Zimmer, um das Geld zu holen, doch sie hatte die Schlüssel zu ihrem Kasten verlegt, fieberhaft riß und rüttelte sie an allen ihren Laden, bis sie ihn endlich fand.	1	1	2	2
Zitternd faltete sie die Banknoten in ein Kuvert und übergab sie selbst an der Tür dem wartenden Dienstmann. Sie tat das alles ganz sinnlos, wie in einer Hypnose, ohne an die Möglichkeit eines Zögerns zu denken. Dann trat sie - kaum zwei Minuten war sie weggeblieben - wieder in das Zimmer zurück.	1	1	2	1

表3

翌朝イレーネが目を覚ました場面	A	B	C	D
Als sie am nächsten Morgen die Augen aufschlug, war es schon hell im Zimmer. Und Helligkeit spürte sie in sich, entwölkt und wie durch Gewitter gereinigt das eigene Blut. Sie versuchte sich zu besinnen, was ihr geschehen war, aber alles schien ihr noch Traum.	1	1	2	2
Unwirklich, leicht und befreit, so wie man im Schlaf durch die Räume schwebt, dünkte ihr dies hämmernde Empfinden, und um der Wahrheit des wachen Erlebens gewiss zu werden, tastete sie die eigenen Hände prüfend an.	2	1	2	2

Plötzlich schrak sie zusammen: an ihrem Finger funkelte der Ring. Mit einem Male war sie ganz wach. Die wirren Worte, aus halber Ohnmacht gehört und doch nicht, ein ahnungsvoll dumpfes Gefühl von vordem, das nur nie gewagt hatte, Gedanke und Verdacht zu werden, beides verflocht sich jetzt plötzlich zu klarem Zusammenhang.	1	1	2	1
Alles verstand sie mit einem Male, die Fragen ihres Mannes, das Erstaunen ihres Liebhabers, alles Maschen rollten sich auf, und sie sah das grauenvolle Netz, in dem sie verstrickt gewesen war.	1	2	1	1
Erbitterung überfiel sie und Scham, wieder begannen die Nerven zu zittern, und fast betreute sie, erwacht zu sein aus diesem traumlosen, angstlosen Schlaf.	2	1	2	2

2.2 標準偏差による分析

　グループA、グループB、グループC、グループDそれぞれの標準偏差を計算する。その際、表1、表2、表3の特性1と特性2のそれぞれの値は、質量ではなく指標であるため、特性の個数を数えて算術平均を出し、それぞれの値から算術平均を引き、その2乗の和集合の平均を求め、これを平方に開いていく。
　求められた各グループの標準偏差の数字は、何を表しているのであろうか。数字の意味が説明できれば、分析は、一応の成果が得られたことになる。

◆グループA：五感（1視覚と2その他）
　表1（特性1、5個と特性2、0個）の標準偏差は、0になる。
　表2（特性1、4個と特性2、1個）の標準偏差は、0.4になる。
　表3（特性1、3個と特性2、2個）の標準偏差は、0.49になる。
【数字からわかること】
　表1、表2、表3を通して、視覚情報が多いため、*Angst*は、観察に基づいた小説といえる。

◆グループB：ジェスチャー（1直示と2隠喩）

　　表1（特性1、4個と特性2、1個）の標準偏差は、0.4になる。

　　表2（特性1、4個と特性2、1個）の標準偏差は、0.4になる。

　　表3（特性1、4個と特性2、1個）の標準偏差は、0.4になる。

【数字からわかること】

　　表1、表2、表3を通して、直示と夢表現が混在した小説といえる。

◆グループC：情報の認知プロセス（1旧情報と2新情報）

　　表1（特性1、0個と特性2、5個）の標準偏差は、0になる。

　　表2（特性1、0個と特性2、5個）の標準偏差は、0になる。

　　表3（特性1、1個と特性2、4個）の標準偏差は、0.4になる。

【数字からわかること】

　　表1、表2、表3を通して、新情報の2が多いため、ストーリーがテンポよく展開している。

◆グループD：情報の認知プロセス（1問題解決と2未解決）

　　表1（特性1、2個と特性2、3個）の標準偏差は、0.49になる。

　　表2（特性1、1個と特性2、4個）の標準偏差は、0.4になる。

　　表3（特性1、2個と特性2、3個）の標準偏差は、0.49になる。

【数字からわかること】

　　Angst は、表1、表2、表3を通して問題未解決が多いため、不安を解くのに時間をかけて調節していることがわかる。

3　まとめ

　　リレーショナルデータベースの数字及びそこから求めた標準偏差により、シュテファン・ツヴァイクの *Angst* に関して部分的ではあるが、既存の分析例が説明できている。従って、ここでの分析方法、即ちデータベースを作成する文学研究は、データ間のリンクなど人の目には見えないものを提供してくれるため、これまでよりも客観性を上げることに成功している。

　　この種の実験をおよそ100人の作家で試みている。その際、

日本人と外国人6対4、男女比4対1、ノーベル賞作家30人を目安に対照言語が独日であることから非英語の比較を意識してできるだけ日本語以外で英語が突出しないように心掛けている。

参考文献

大村　平　統計のはなし－基礎・応用・娯楽　日科技連　1984.

花村嘉英　計算文学入門－Thomas Mannのイロニーはファジィ
　　推論といえるのか？　新風舎　2005.

花村嘉英　計算文学入門（改訂版）－シナジーのメタファーの
　　原点を探る　ブイツーソリューション 2022.

Stefan Zweig　Angst　Reclam　1954.

【補説4】 人文科学からマクロのシステムを考える

　広義のシナジーのメタファーは、個々のデータベースを束ねたシステムの構築とその評価について検討が必要である。例えば、危機管理者としての作家の執筆脳を社会学の観点から集団の脳の活動と見なし、人文科学の研究対象である個人の脳の活動と組にする。ここでは、こうしたシステム全体を安定させるための方法や各部門との連携が考察の対象になる。

図3　マクロの文学のイメージ

　イメージ図を見てみよう。人文と社会の間には文化があり、人文と医学の間にはカウンセリングがある。そして、人文と理工の組でみると、例えば、コーパス、パーザー、機械翻訳、計量言語学（いずれも購読脳）さらには小説のLのデータベース（執筆脳）がある。また社会と医学の間には、介護福祉や老年医学などがある。こうした系は、それぞれが情報のシステムと組をなして全体のバランスを調節している。

　図の中央にある縦横のシナジーの目は、脳科学の役割を果たし、司令塔としてそれぞれの系に指示を出す。例えば、私の場合、言語系の教授法や翻訳が実務として中央にあり、その周りに研究のポイントとして教育、心理、社会、文化、歴史、法律、

医学、技術、文学、コンピュータなどがそれぞれ言語と組をなして外周を作る。

無論、イメージ図の中には、地球規模として東西南北からオリンピックにまで広がる国地域があり、また、Tの逆さの認知科学の定規と縦横に言語と情報の認知を取るLの定規、さらにはロジックを交えた3Dの箱が含まれている。こうした地球規模とフォーマットのシフトを条件とする、総合的で学際的なマクロの文学研究が人生をまとめるための道標として人文科学の研究者たちにも共通認識になるとよい。

マクロの文学分析のシステムを広義のシナジーのメタファーと考える。メゾのエリアに分析データが溜まってきたら、次にクラウドからメゾのデータをまとめるための指令を出し、それをまとめることでマクロのシステムにしたい。

図4　広義のシナジーのメタファー

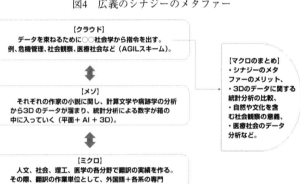

病跡学の研究については、滑り出したところである。その目的、効果、目標、メリットを見ていくと、他系とのクロスした実績を作る際、人文と医学の組み合わせが最も遠い。例えば、人文からみると、健康科学の勉強はしても別段自分の研究とまとめる必要はない。しかし、遠いところの調節ができれば、

調整力がついてきた証拠になる。また、もし研究実績を作り、メインの専門の実績と絡むようになると、自分の研究が正しいという証拠にもなる。

さらに、研究対象の作家の数を増やして人文以外の、社会、理工、医学の系をブラックボックスからグレーにし、地球規模とフォーマットのシフトからなる実績ができれば、文理共生による評価も次第に上がってくる。

シナジーのメタファーは、狭義と広義の双方を含むマクロのシステムである。図が示すように、広義のシナジーのメタファーは、ミクロ、メゾ、クラウド、マクロからなる。ミクロでは機械翻訳や特許翻訳が実績となり、メゾにはボトムアップで購読脳と執筆脳からなる3Dの箱が溜まる。そして、クラウドからトップダウンで仮説や推論によりメゾのデータを束ねる指令が出て、マクロの結論になる。

クラウドからの指令は、集団の脳の活動をまとめる際に効果がある。各層は、それぞれにシステムを持ち、ミクロには外国語＋各系の専門知識という翻訳の作業単位があり、メゾには平面＋AI（検索エンジン）＋3Dの箱というデータベースによる分析がある。そしてクラウドは、他人が理解可能な行為としての作家の執筆脳を比較でまとめるために、できる限りAGILスキームを通す。

但し、システムが大きくなればなるほど、自ずとミスマッチが生まれ、その調節がスムーズにできるかどうかが鍵になる。システムのどこかにミスマッチの調節があればよいというのであれば、「計算文学入門（改訂版）－シナジーのメタファーの原点を探る」（2022）の中で説明したモンタギュー文法と文学がその一例になる。

図表一覧

第1部第1章	表1	登場人物の脳の活動	20頁
同 第2章	表1	登場人物の脳の活動	30頁
同 第3章	表1	対処行動の分析	39頁

第2部第1章	表1	狂人の言動	45頁
同 第1章	表2	統合失調症の症状	50頁
同 第1章	表3	非線形性の認知プロセス（妄想気分）	52頁
同 第1章	表4	注意障害の認知プロセス	53頁
同 第1章	表5	幻聴の認知プロセス	54頁
同 第1章	表6	自我障害の認知プロセス	55頁
同 第1章	表7	思考障害の認知プロセス	56頁
同 第1章	表8	思考障害の認知プロセス	57頁

同 第2章	表1	大脳皮質の役割分担	61頁
同 第2章	表2	適応障害の症状	64頁
同 第2章	表3	前頭葉の性差（改訂版）	74頁
同 第2章	表4	言語の認知（文法と意味）	77頁
同 第2章	表5	情報の認知	79頁

同 第3章	表1	ストレスの認知的評価	86頁
同 第3章	表2	ストレス反応の経路	87頁
同 第3章	表3	小説の比較	92頁

第3部第1章	表1	逸脱・社会的コントロール＋機能	99頁
同 第1章	図1	行為の下位システム	100頁
同 第1章	図2	システムとしての人間の条件の構造	101頁
同 第1章	表2	病理表現	106頁
同 第1章	表3	病人の行為	107頁
同 第1章	表4	シナジーのメタファーとL/G＋パターン変数	110頁
同 第1章	図3	パターン変数の類別	111頁

145

| 同 | 第1章 | 図4 | 関係的報酬の分類 | 112頁 |
| 同 | 第1章 | 図5 | 社会システムの類型 | 113頁 |

同	第2章	表1	ライフサイクルの徳性と結果	117頁
同	第2章	表2	アイデンティティとインテグリティ	120頁
同	第2章	表3	主観的幸福感の測定	122頁
同	第2章	表4	正解率	124頁
同	第2章	表5	行動心理学の例	125頁
同	第2章	表6	比較の分析	128頁

おわりに

　小説の中の病気の跡を辿る病跡学を目指して日本文学、外国文学そして比較文学と題し作家の執筆脳も交えて論文を整理した。データベースを作りながら購読脳と執筆脳を考え、問題解決の場面を中心にシナジーのメタファーを分析した。

　分析した言語は、対照言語のドイツ語と日本語から始まり、それぞれの隣接としてフランス語や中国語を置き、南北の一例として南アフリカの作家を考えた。森鷗外と川端康成は、人間○○と作家○○から感情表現にみられる神経伝達物質やホルモンの分泌を信号として行間から読み取り、三浦綾子は、メンタルヘルスの分析を交えて表を作りながら考えた。一応、様々な角度から分析を試みている。

　外国の作家についても人文科学と自然科学を組み合わせ、計算文学から病跡学への流れを作った。ミクロ、メゾ、マクロといったときに、狭義のシナジーのメタファーによるデータは、すべてメゾの領域に入り、それらをまとめる際に、クラウドからトップダウンで出る指令により社会学的な意義が提示される。これが比較と共生をまとめるマクロの手法であり、広義のシナジーのメタファーになる。○○社会学なる束ねるリボンもようやく20本になった。

　社会学の手法は、作家個人の役割としてリスクの管理者とか自然や文化の観察者、そして歴史の伝道者及び書き手としての医者などを試している。これによりマクロの文学分析は、さらに安定感が増してくる。

　医療社会学ではデータ分析者としての作家の役割を考え、老年社会学ではライフサイクル、幸福感、行動心理学について考えた。

　購読のみならず、比較、共生、翻訳、データベースの作成分析と研究の作業条件を増やしていけば、難易度の調節にもなり、それを踏まえてシナジーのメタファーを研究すると、誰もが好きな作家の執筆脳に関する自分のアイデアを育てることができる。興味関心がある方は、何度でも本書を読みながら各自で

147

シナジーのメタファーに挑戦してもらいたい。

　これで今回の出版作業も恙なく終えることができる。最後になるが、本書を出版するにあたりお手伝い頂いた関係者の皆さんやブイツーソリューションに心からお礼申し上げる。

花村嘉英

著者紹介

花村嘉英（はなむら　よしひさ）

1961年東京生まれ。立教大学大学院文学研究科博士後期課程（ドイツ語学専攻）在学中の1989年にドイツ・チュービンゲン大学に留学し、同大大学院新文献学部ドイツ語学・言語学博士課程で意味論を専攻する。帰国後は、英語やドイツ語の技術文の機械翻訳で実務を作る。2009年より中国の大学で日本語を教える傍ら、比較文学・言語学（日本語、ドイツ語、英語、中国語）、文体論、健康科学、シナジー論（人文と情報、文化と栄養、心理と医学）、及び翻訳学の研究を進める。テーマは、データベースを作成するテキスト共生に基づいたマクロの文学分析であり、人文科学からマクロに通じるシステムの構築を目指している。2017年に南京農業大学と大連外国語大学から栄誉証書（文献学）が授与される。

主な資格に、日本成人病予防協会健康管理士一般指導員（2015年3月認定）、健康管理能力検定1級取得（2015年3月）、健康管理士一般指導員ゴールド（2017年4月認定）、健康管理士上級指導員（2020年3月認定）、健康管理士統括指導員（2023年10月認定）、予防医学・代替医療振興協会予防医学指導士（2015年12月認定）、代替医療カウンセラー（2016年4月認定）、エイブス・メディカル翻訳英和上級修了（2016年3月）、認知症予防改善医療団認知症ケアカウンセラー（2016年12月認定）、バベル中日契約書翻訳講座修了（2017年10月）、技能認定振興協会医師事務作業補助者（ドクターズクラーク）（2019年4月認定）、Fisdom修了講座　情報リテラシーOffice2016、統計学入門、Python入門、学校における無線ネットワークの作り方、安全学入門、インターネットセキュリティ、情報法（2019年10月）、JTEX修了講座　製薬・医薬品の基礎（2019年10月）、知的財産権入門（2019年12月）、Gacco修了講座セキュリティ・プライバシ・法令、公衆無線LANセキュリティ対策、社会人のためのデータサイエンス、多変量データ解析法、統計学－データ分析の基礎、推論・知識処理・自然言語処理、クラウド基盤構築演習、アーキテクチャ・品質エンジニアリング、IoTとシステムズアプローチ、クラウドサービス・分散システム、センサ、機械学習、深層学習、社会の中のAI（2020年11月）、日本能力開発推進協会マインドフルネススペシャリスト（2020年10月認定）、上級心理カウンセラー（2021年7月認定）、行動心理士（2023年1月認定）などがある。

私の病跡学

作家の執筆脳を比較と共生で考える

2024年10月20日　初版第1刷発行

著　者　花村嘉英

発行者　谷村勇輔

発行所　ブイツーソリューション
　　　　〒466-0848 名古屋市昭和区長戸町4-40
　　　　TEL：052-799-7391 / FAX：052-799-7984

発売元　星雲社（共同出版社・流通責任出版社）
　　　　〒112-0005 東京都文京区水道1-3-30
　　　　TEL：03-3868-3275 / FAX：03-3868-6588

印刷所　富士リプロ

万一、落丁乱丁のある場合は送料当社負担でお取替えいたします。
ブイツーソリューション宛にお送りください。
©Yoshihisa Hanamura 2024 Printed in Japan ISBN978-4-434-33859-5